여행하는 나무

TABI O SURU KI by HOSHINO Michio
Copyright ⓒ 1995 HOSHINO Naoko
All right reserved.

Originally published in Japan by Bungei Shunju Ltd., Japan.
Korean translation rights arranged with HOSHINO Naoko, Japan
through THE SAKAI AGENCY and COREA LITERARY AGENCY.
Korean translation copyright ⓒ 2006 Galapagos Publishing Co.

이 책의 한국어판 저작권은 THE SAKAI AGENCY/COREA 에이전시를 통해
HOSHINO Naoko와 독점 계약한 도서출판 갈라파고스에 있습니다.
저작권법에 의해 한국 내에서 보호를 받는 저작물이므로 무단전재와 무단복제를 금합니다.

michio Hoshino
여행하는 나무

갈라파고스

옮긴이 김 욱

서울대 신문대학원에서 공부한 후 서울·경향·조선·중앙일보 등에서 30여 년간 기자 생활을 했다. 그후 한국생산성본부 출판기획위원으로 10여 년간 기획과 번역을 전담하는 한편, 생산성본부 간행 월간지 〈기업경영〉에 일반 사원들과 중간 관리자의 자질 향상을 위한 기획기사를 전담 집필했다. 지은 책으로 『세계를 움직이는 유대인의 모든 것』이, 옮긴 책으로 『러시아의 사랑과 고뇌』, 『지식인들』, 『고독의 발견』, 『생각하는 기술, 쓰는 기술』, 『지적 생활의 방법』, 『니체의 숲으로 가다』, 『아름다운 영혼의 고백』, 『톨스토이, 길』, 『아미엘의 일기』, 『데르수 우잘라』 등이 있다.

여행하는 나무

호시노 미치오 지음 | 김욱 옮김

1판 1쇄 발행 2006년 5월 15일
1판 4쇄 발행 2017년 12월 15일

펴낸이 김경수 | 펴낸곳 도서출판 갈라파고스
등록 2002년 10월 29일 제13-2003-147호
주소 121-838 서울시 마포구 합정동 376-27 국제빌딩 5층
전화 02-3142-3797 | 팩스 02-3142-2408 | 이메일 galapagos@chol.com
기획 임병삼 | 디자인 디자인 비따 | 교정 조현주
撮影 星野道夫 | 寫眞提供 星野道夫事務所

ISBN 89-90809-14-2 03800

갈라파고스는 자연과 인간의 공존을 희망하며, 함께 읽으면 좋은 책들을 만듭니다.

차례

사람은 누구나 자신만의 여행을 하고 있다   12

새로운 여행

나만의 알래스카 지도   18
비밀로 간직하고픈 붉은 절벽의 만   25
북극의 가을은 이처럼 아름다운데……   33
봄소식   40
성스러운 영혼의 소리, 루스 빙하   48
갈라파고스에서 만난 아마존의 꿈   55
구친 인디언의 마을 올드크로   63
사람의 시간을 가르쳐주는 잘츠부르크   72
두 세계가 공존하는 하나의 길, 아미시 사람들   79

북방을 향한 그리움

사카모토 나오유키와의 만남   88
세월 저편의 친구   101
헌책방 옵서버 트리에서 보내는 즐거운 휴식   107

백야

백 년 후엔 여기가 어떻게 변할까   132
봄을 기다리는 흑곰   139
오늘 밤엔 오로라가 나타날 것 같아   147
또 하나의 시간을 간직하고 살아가는 삶   155
토템 폴을 찾아서   162
알래스카에서 온 편지   170
리스야베이, 그리고 짐 하스크로프   178
북태평양의 외로운 섬 키스카   186
파일럿의 죽음   195

여행하는 나무

여행을 떠나는 나무　　　206
열여섯 살에 떠난 여행　　　215
아내와 함께 알래스카에서　　　224
나의 영웅 빌 플로　　　231
알래스카의 주인, 알래스카의 섭리　　　239
대지, 동물, 그리고 사람　　　246
끝나지 않은 여행　　　254
에스키모 올림픽　　　262
세상에서 가장 아름다운 도시 싯카　　　270
야간비행　　　278
연기를 뿜어대는 1만 개의 골짜기　　　285
물망초…… 알래스카에서 보낸 시간　　　293

옮긴이의 말　　　300

지은이의 말

사람은 누구나 자신만의 여행을 하고 있다

알래스카의 강변을 거닐다 보면 이 땅의 상징적인 풍경들과 마주칩니다. 강가 제방에서 수평으로 길게 누운 채 자라 있는 둥피나무. 기나긴 세월 동안 조금씩 대지를 침식한 물줄기가 어느새 그 흐름을 바꿔 숲으로 향합니다. 나무들은 하나둘씩 강물에 휩싸이고, 저마다의 생을 마감합니다. 유속이 빠르고 경사가 심한 강일수록 더 많은 대지를 침식하고, 더 많은 나무들을 휩쓸어버립니다. 그리고 이렇게 강물에 휩쓸린 나무들은 길고 긴 여행을 시작합니다. 이 거칠 것 없는 혼돈된 풍경을 나는 무척이나 좋아합니다. 모든 존재가 늘 같은 장소에 멈춰 있지 않다는 진리를 내게 가르쳐 주기 때문입니다.

　벌써 꽤 오래전 일인데, 처음 북극해 해안에 당도했던 기억이 생생합니다. 나는 그때 커다란 유목 위에 앉아 있는 한 마리 티티새를 사진에 남기고자 풀숲에 숨어 있었습니다. 나무가 자랄 수 없는 북극권의 툰드라에서 어떻게 이토록 큰 유목이 해안까지 떠내려 올 수 있었는지 신기하기만 했습니다.

　나중에 깨달았지만, 이 나무는 강물의 침식 작용에 휩쓸려 바다로 흘러나갔고, 그 후 다시 긴긴 여행 끝에 머나먼 북쪽의 해안에 당도한 등피나무였습니다. 다시 말하면 이곳이 여행의 종착지였던 것입니다. 가지는 모두 떨어지고, 껍질도 완전히 벗겨진 채였습니다. 하늘을 향해 솟구치던 옛 시절은 간 데 없고, 이제 뿌리가 흙

물스럽게 드러난 벌거벗은 유목에 불과했습니다. 하지만 작은 티티새에겐 날개를 의지할 수 있는 아주 요긴한 장소였겠지요. 또 이곳을 드나드는 북극여우에겐 영역표시를 할 수 있는 소중한 공간이었을 겁니다. 근처에 있는 대지는 천천히 부패하는 유목을 흡수해 꽃들에게 전해줄 것이고, 그래서 완전히 썩어버린 다음에는 이곳에 꽃들이 만발할지도 모릅니다. 먼 바다에서 떠내려 온 유목이 아름다운 꽃밭으로 다시 태어나는 순간이었습니다. 이것은 새로운 경험이었습니다. 생과 사의 관계가 마치 여행처럼 느껴졌습니다.

알래스카에 도착한 후로 어느덧 17년이 흘렀습니다. 한때는 뿌리 없는 풀처럼 여행자에 지나지 않았지만, 지금은 이곳에 집과 가정이 있습니다. 관광객의 입장이었던 내가 이곳 주민이 된 것입

니다. 그 후로는 알래스카의 풍경이 모두 새롭게 보입니다. 이 책은 그런 심정을 담아 오랫동안 기록해온 결과물입니다. 저 등피나무처럼 사람은 누구나 자신만의 여행을 하고 있습니다. 우리가 시간이라고 부르는 존재는 어쩌면 등피나무를 툰드라 벌판까지 인도해준 강물이 있는지도 모릅니다.

이곳에 버들난초가 피기 시작했습니다. 이 꽃이 만발하면 알래스카의 여름도 끝이 날 것입니다. 앞으로 한 달쯤 지나면 오로라가 밤하늘을 가득 메우겠지요. 그리고 또다시 극북의 아름다운 가을이 시작될 것입니다.

1995년 7월
호시노 미치오

카리부의 새끼가 매서운 바람이 휘몰아치는
설원에서 태어나는 것도, 한 마리의 검은방울새가
영하 60도의 추위 속에서 즐겁게 지저귀는 것도
그 속에 생명이 있기 때문입니다. 자연도 하나의 거대한 생명체입니다…….
나는 생명이 가진 이 연약함 때문에
알래스카를 사랑합니다.

새로운 여행

나만의
알래스카
지도

 신록의 계절도 끝나고, 페어뱅크스(알래스카 중부에 위치, 알래스카에서 두 번째로 큰 도시)에도 다시 여름이 찾아오고 있습니다.
 해질 녘 마른 나뭇가지들을 긁어모아 집 앞에서 화톳불을 피우자 어디선가 아카리스의 지저귀는 목소리가 들려옵니다. 잔설이 사라진 숲은 터키산 카펫처럼 햇살을 받아 영롱하게 반짝입니다. 그 위로 무스(덩치가 큰 사슴과 동물)가 남긴 분비물들이 군데군데 떨어져 있는데, 이 커다란 생물이 어떻게 집 근처를 지나가면서 아무런 소리도 내지 않았는지 놀랍기만 합니다.

볼을 어루만지는 겨울의 감촉이 확실히 따스해졌습니다. 계절의 변화가 어느새 확연하게 느껴지기 시작합니다. 알래스카에서 생활한 지 어느덧 15년이 지났건만, 계절에 따라 책장을 넘기듯 분명하게 다가오는 이 땅의 변화는 아직도 낯설기만 합니다.

생각해보면 인간의 감정처럼 우스운 것도 없습니다. 조그마한 일상에 상처받아 우울해 있다가도 첫여름을 알리는 따스한 바람에 마음이 이토록 풍요로워지니까요. 사람의 마음은 깊이를 헤아릴 수 없을 정도로 아득하기도 하지만, 또 어떤 날은 이상하리만치 작아지기도 합니다.

결혼을 하고 새로운 생활도 시작되고, 무엇인가 조금씩 변하기 시작합니다. 며칠 전 옛날 짐들을 정리하다가 그리움 가득한 물건을 발견했습니다. 바로 1978년에 쓴 오래된 일기였습니다. 1978년은 알래스카로 옮겨온 첫해입니다.

지나간 세월과 함께 낡아버린 일기였지만, 첫 페이지를 열자마자 먼 옛날의 나 자신과 만난 것처럼 그리움이 솟아올랐습니다. 거기에는 하네다 공항에 앉아 새롭게 시작될 여행을 기다리는 내용이 담겨 있었습니다. 한 줄 한 줄 읽어나가다가 나도 모르게 쓴 웃음을 지었습니다. 구구절절 단호한 결의가 넘쳐났기 때문입니다. 그만큼 흥분했다는 얘기겠지요. 알래스카에 대한 이해가 전혀 없는 부끄러운 내용이었지만, 미지의 세계를 진심으로 동경하던 나의 자화상이 그대로 투영되어 있었습니다. 결국 짐을 정리하다 말고 나도 모르게 그 일기장을 끝까지 읽어버렸습니다.

 그 무렵 내 머릿속은 확실히 알래스카에 관한 것들로 가득 차 있었습니다. 마치 첫사랑의 열병에 걸린 소년처럼 알래스카라는 단어 외에는 아무런 생각도 나지 않았습니다. 알래스카에서 무엇을 해야 될지 구체적인 계획은 없었지만, 어쨌든 그곳으로 출발해야 하다는 생각만큼은 확고했습니다.

 페어뱅크스 공항에 도착한 후 나는 곧장 알래스카 대학으로 향했습니다. 알래스카 대학의 야생동물학부에 입학해서 본격적으로 알래스카에 대해 공부할 생각이었습니다. 하지만 입학관리사무소에 필요한 서류들을 제출하자 곧 문제가 생겼습니다. 외국인이 이 대학에 입학하기 위해서는 영어점수가 일정수준에 도달해야 하는데, 30점이나 부족했던 것입니다. 다시 말해 그해에는 알래스카 대학에 입학할 수 없었던 것입니다. 그러나 여기까지 와서 다시 일본으로 돌아가고 싶지는 않았습니다. 오래전부터 알래스카를 꿈꿔왔고 마침내 그 땅을 밟았는데, 다시 일본으로 돌아가는 것은 있을 수 없는 일이었습니다. 게다가 일본으로 돌아갈 비행기 표도 없었습니다.

그 길로 야생동물학부장을 찾아갔습니다. 이곳에 오기 전에 몇 차례 편지를 보낸 적이 있어 그는 내가 누군지 어렴풋이 기억하고 있었습니다. 나는 짧은 영어실력을 발휘해 필사적으로 알래스카를 생각하는 내 마음을 전하려고 노력했습니다.

우선 북극의 자연을 만끽하고 싶다는 것, 그러기 위해서는 여기 남아야 하며, 여기 남기 위해서는 알래스카 대학의 야생동물학부에 입학해야만 한다는 것, 또 불과 30점 차이로 일 년을 헛되게 보낼 수는 없다는 것, 그리고 얼마나 오랜 세월 알래스카를 꿈꿔왔는지에 대해 이야기했습니다.

지금 생각하면 나도 모르게 얼굴이 화끈거립니다. 사실 내 형편과 대학과는 아무런 관련이 없으니까요. 그러나 당시 절박했던 심정으로는 그까짓 30점 때문에 입학을 허락해주지 않는 대학의 결정이 야속하기만 했습니다.

학부장은 끈기 있게 내 이야기를 끝까지 들어주었습니다. 그리고 미소를 지으며 이렇게 말했습니다.

"무슨 말인지 알겠군요. 내가 책임지고 입학을 시켜주겠어요. 지금 전화해줄 테니 입학관리사무소로 가봐요."

나는 하늘에라도 오를 듯한 기분이었습니다. 천천히 걸어갈 수가 없어서 대학 캠퍼스를 있는 힘껏 내달렸습니다. 높은 건물들로 둘러싸인 캠퍼스 저편으로 빙하를 안고 줄지어 서 있는 알래스카 산맥이 한눈에 들어왔습니다. 그 산줄기가 나를 부르는 것만 같아 가슴이 두근거렸습니다. 그때도 지금처럼 첫여름을 알리는 부드러운 바람이 불기 시작할 무렵이었습니다.

원대한 꿈을 안고 알래스카에 도착한 나는, 그동안 간직해왔던 꿈들을 하나하나 소화시켜나가듯 여행을 시작했습니다. 알래스카라는 백지도(윤곽만 그려 넣은 지도) 위에 나만의 선들을 그리고 싶었기 때문입니다.

알래스카 북극권을 횡단하는 브룩스 산맥의 미답지와 산골짜기도 걸었고, 카약(에스키모가 사용하는 바다표범의 가죽으로 만든 배)을 타고 글레이셔베이를 횡단하면서 삐걱거리는 빙하의 소리에 귀를 기울였습니다. 에스키모들과 우미악(바다표범의 가죽으로 만든 보트)을 저어 북극해에서 참고래를 쫓아다닌 기억도 생생합니다. 아사바스칸 인디언 마을에서 포틀래치(인디언들 사이의 선물 교환 행위)를 본 적도 있습니다. 카리부(북아메리카 북쪽에 사는 순록)의 계절이동을 따라 여행한 추억도 생각나고, 헤아릴 수 없을 만큼 여러 번 오로라를 만나기도 했습니다. 때로는 굶주린 이리와 마주쳐 식은땀을 흘린 적도 있습니다. 무엇보다도 원시적인 환경에서 인류의 태곳적 모습을 그대로 간직한 사람들과의 추억이 가장 소중했습니다. 그렇게 이곳에서 15년의 세월이 흘렀습니다.

이제 조금씩 나만의 알래스카 지도가 윤곽을 드러내기 시작했습니다. 위대한 자연을 품에 안은 알래스카는 지금 커다란 과도기를 지나고 있습니다. 이것은 알래스카가 아니라 알래스카를 살아가는 사람들의 변화인지도 모릅니다. 어쨌든 이 땅에 문명이라는 것이 찾아온 뒤로 모든 게 변하고 있습니다

이곳 사람들은 문명을 깨닫고 나서 알래스카에 좀더 많은 것을 요구하기 시작했습니다. 편리하고 쾌적한 생활과 급속한 근대화, 드넓은 빙하를 떠나 도시로 나가는 아이들……. 지난 수천 년 동안 에스키모와 인디언들이 지켜왔던 이 땅이 과연 어떤 선택을 하게 될지 나는 그 결과를 보고 싶었습니다. 지금까지 만난 사람들이 과연 어떤 지도를 통해 자신만의 알래스카와 만나왔는지 궁금했던 것입니다.

두서없이 여러 이야기들을 늘어놓았군요. 생각지도 못한 곳에서 갑자기 나타난 옛 일기장 덕분에 견딜 수 없이 그리웠던 과거의 나를 만났습니다. 그리고 잠시 동안 정말 멀거니 생각에 잠겨 있었습니다. 15년이라는 세월이 무척 긴 듯하지만, 지나고 보니 너무나 짧기만 합니다.

다시 한 번 그 무렵의 나로 되돌아가고 싶습니다. 지금까지 만들어왔던 나만의 지도는 잠시 접어둔 채 말입니다. 자석과 나침반도 없이 배에 올랐던 지난날의 뜨거운 열망이 한없이 그립기만 합니다. 그때는 목적지에 도착하는 것보다 그저 그렇게 여행할 수 있다는 것만으로 행복했습니다. 어쩌면 인생의 참된 행복이란, 인생의 의미를 잊는 데에서 비롯되는지도 모르겠습니다.

이제 그만 펜을 놓아야 할 것 같습니다.

앞으로 일주일쯤 지나면 알래스카의 강을 향해 연어 떼가 몰려들겠지요. 연어를 손으로 움켜쥐었을 때 느껴지는 용수철 같은 힘이야말로 알래스카의 진정한 여름일 것입니다. 또 한 번 이곳에서의 여름을 즐겨야 할 때가 찾아왔습니다.

그럼 안녕히.

(1993년 6월 1일)

비밀로
간직하고픈
붉은 절벽의 만

지금 남동 알래스카의 바다를 여행하고 있습니다. 배에서 이렇게 또 하루를 지내고 말았습니다. 특별히 무슨 사건이 있었던 것은 아니지만, 나름대로 즐거웠던 오늘 하루에 대해 누군가에게 이야기하고 싶어 또다시 펜을 들었습니다.

고래를 쫓으며 시작된 이 여행도 어느새 3주일이 다 되어갑니다. 남동 알래스카의 바다는 풍요로움이 무엇인지를 가르쳐주었습니다. 언제든 마음만 먹으면 넙치, 연어, 게 등을 닥치는 대로 잡을 수 있었습니다. 3주 동안 우리는 이렇게 잡은 신선한 생선들을 푸짐하게 먹어치웠지요. 간혹 1미터가 넘는 넙치를 잡기도 했습니다. 물살이 조금 불투명한 편이지만, 그것이야말로 이 바다가 얼마나 풍요로운지를 증명해주는 증거입니다. 이곳은 한마디로 거대한 플랑크톤 수프 같습니다.

가을이 다가오고 있습니다. 지루한 백야의 계절도 끝나고 다시 밤이 찾아옵니다. 이제 오로라가 나타나도 다들 이상하게 생각하지 않습니다. 4~5년 전의 일인데, 아마도 7월이었을 것입니다. 바로 이 바다에서 오로라와 마주쳤습니다. 시간은 밤이었지만 주변은 여전히 환했습니다. 그때 수평선 너머 하늘에서 오로라가 백야의 밝음을 꿰뚫고 우리 앞에 그 모습을 드러냈습니다.

여행을 하는 동안 문득 친구인 A가 생각났습니다. 새로운 광경을 만나 기쁨의 환성을 지를 때마다 A가 이곳에 함께 있었다면 얼마나 좋았을까라는 생각이 문득문득 뇌리를 스칩니다. 뜻하지 않은 사고로 사랑하는 아이를 잃은 A. 그는 지금도 깊은 좌절감에 빠져 소중한 시간을 슬픔으로 허비하고 있습니다. 그에게 원시림에 둘러싸인 남동 알래스카의 바다를 보여주고 싶은 생각이 간절합니다.

어미 고래와 새끼 고래를 만난 것은 오늘 오후였습니다. 바다는 거울처럼 잔잔했으며, 희미하게 뿜어 나오는 고래의 숨결이 멀리서도 확인되었습니다. 우리는 조심스레 다가갔습니다. 배의 엔진은 거의 공전상태였습니다. 고래는 우리의 출현을 그다지 싫어하지 않는 눈치였습니다. 마치 우리들과 놀고 싶다는 듯 새끼는 작은 머리로 배 밑을 몇 번씩 들이받았습니다.

그때 갑자기 새끼 고래가 어미에게서 떨어져 우리에게 다가왔습니다. 그러고는 수면 위로 얼굴을 내밀더니 신기하다는 듯 우리들을 유심히 바라봤습니다. 그렇게 두 시간 가까이 고래들은 주변을 맴돌았습니다. 태양도 기울기 시작하고, 우리는 오늘 밤 정박할 만을 찾아 출발해야 했습니다

"붉은 절벽의 만(Red Bluff Cove)으로 가자!"

일행 중 누군가 소리쳤습니다.

알래스카에서 가장 아름다운 광경은 무수하게 존재하는 만들입니다. 이곳 만에는 사람의 발길이 거의 닿지 않아 원시자연이 그대로 보존되어 있습니다. 뒤얽힌 피오르(육지로 들어온 좁고 긴 만) 지형에 둘러싸인 바다, 그 위로 떠 있는 크고 작은 섬들, 사람의 손길이 한 번도 닿지 않은 원시림과 빙하를 볼 때마다 과연 이곳

이 지구의 한 부분인지, 아니면 우리가 발견한 새로운 세계인지 헷갈릴 정도입니다. 이 바다를 여행하면서 느끼는 최고의 즐거움은 그날그날 닻을 내리기 위해 어떤 만에 정박할 것인지를 정하는 긴장감입니다.

만일 아무한테도 가르쳐주고 싶지 않은 나만의 비밀장소가 어디냐고 묻는다면 주저없이 '붉은 절벽의 만'이라고 대답할 것입니다. 5년 전, 비바람이 몰아치는 거친 날씨를 피해 우연히 닻을 내린 곳이 바로 이곳이었습니다. 이름 그대로 입구의 절벽은 붉은 빛으로 반짝거리는데, 해질 녘에 노을이 닿으면 묘한 풍경으로 변해갑니다. 이 바다를 오랫동안 항해한 어부들과 이야기해보아도 이곳을 아는 사람은 거의 없습니다. 알래스카의 바다는 그 넓이가 어마어마하므로 일일이 만의 이름을 외울 수가 없기 때문이죠.

붉은 절벽의 만은 빙하를 끌어안은 산들이 줄지어 서 있는 바라노프 섬 동쪽에 자리하고 있습니다. 입구가 매우 좁은 편이기는 하지만, 안으로 들어갈수록 약간씩 넓어지면서 2킬로미터가량 이어집니다. 지금까지 남동 알래스카의 여러 만을 찾아다녔지만 여기처럼 신비롭고 아름다운 장소를 만난 적이 없습니다. 이 바다를 여행하면서 매년 한 번씩은 이곳을 찾아왔는데 다른 배를 본 적도 없습니다.

3년 전 일입니다. 이 만에서 정박하고 밤을 보내고 있는데, 어디선가 이상한 소리가 들렸습니다. "슛슛." 낮게 깔린 쇳소리였습니다. 나중에 알고 보니 붉은 절벽의 만에 잘못 들어온 고래가 내뿜는 숨소리였습니다.

붉은 절벽의 만에는 나만의 많은 추억들이 있습니다. 그리고 여기 올 때마다 나는 시간의 존재에 대해 생각해봅니다. 하루하루를 살아가느라 정신이 없는 인간들을 바라보면서 과연 이 대지는 어떤 생각을 할까요. 수천 년 동안 변함없는 모습으로 이곳을 지켜 온 섬과 바다, 산과 만을 마주할 때마다 인생이 너무나 무의미하게 다가오곤 합니다

저녁 무렵, 불그스름한 갈색으로 채색된 암벽을 올려다보면서 우리는 만의 안쪽으로 들어갔습니다. 위험한 암초지대를 지나 외해外海로부터 멀어질수록 책장이 넘어가듯 별천지가 나타났습니다.

맨 먼저 우리를 반긴 것은 정적이었습니다. 고요함이 주변을 완전히 에워싼 듯했습니다. 솔송나무나 등피나무 같은 침엽수들이 물가까지 밀려와 원시림을 감싸 안은 안개와 더불어 살아 있는 생물처럼 흐느적거렸습니다.

바삭바삭……. 갑자기 찌르레기 한 마리가 숲에서 튀어나와 우리들 머리 위로 날아갔습니다. 우리가 만 안쪽으로 들어오는 광경을 저 찌르레기는 계속해서 관찰하고 있었던 걸까요.

썰물로 떠오른 작은 섬 주변에서 30마리 정도의 바다표범 무리가 발견되었습니다. 이때 배 양편으로 검은 띠가 길게 이어지는 것이 보였습니다. 깜짝 놀라 자세히 살펴보았더니 산란을 위해 섬을 찾은 핑크 연어 떼의 움직임이었습니다.

산 중턱의 원시림 부근에서 굉장한 힘으로 폭포수가 내리꽂히고 있었습니다. 고개를 젖힐 대로 젖혀도 100미터쯤 되는 높이까지밖에 보이지 않았고, 그 위쪽은 숲에 묻혀 아예 짐작도 할 수 없었습니다. 이 폭포의 수원은 산 위의 빙하였습니다.

만은 호수처럼 커다랗게 부풀어 오르거나, 홀쭉하게 좁아지면서 보다 깊은 곳으로 우리를 안내했습니다. 정면의 우뚝 솟은 산들은 지금까지 단 한 사람의 발길도 허락하지 않은 미지의 세계였습니다.

이윽고 만의 가장 깊은 곳에 당도해 무사히 닻을 내렸습니다. 배의 엔진을 끄자 주변은 완전히 조용해져 그동안 듣지 못했던 소리들이 조금씩 들려왔습니다. 피로로록, 피로로록… 작은 찌르레기의 울음소리였습니다. 하지만 주위 숲을 둘러봐도 찌르레기의 모습은 보이지 않습니다.

그때 "퍽." 하고 연어 한 마리가 해면에서 30센티미터 가량 뛰어올랐습니다. 산골짜기에서 강물소리인지, 폭포소리인지 미미한 물소리도 들려옵니다.

날이 저물려면 아직 시간이 남아서 우리는 작은 보트를 타고 근처를 산책하기로 했습니다. 이끼가 낀 큰 나무를 따라 보트를 저어 가자 금세 강변이 나왔는데 나무그늘이 밀집된 숲 가장자리마다 여름의 끝을 즐기려는 이름 모를 꽃들로 가득했습니다. 마침 새먼베리의 빨간 열매가 눈에 띄었습니다. 나는 보트에 앉은 채로 손을 내밀어 하나 따먹어봤습니다.

만의 안쪽은 초원이었고, 밀물이 조금씩 올라오는 중이었습니다. 깨끗하게 다져진 길이 골짜기 깊숙한 곳까지 이어졌습니다. 아마도 매일 이곳으로 연어를 잡으러 내려오는 곰의 길인 듯했습니다.

산골짜기에서 흘러내린 물들이 작은 강을 이루었고, 우리는 이 강을 따라 보트를 저어 갔습니다. 우선 갈 수 있는 데까지 가보기로 했습니다. 셀 수 없을 만큼 많은 연어들이 나무가 쓰러져 있는

웅덩이에 모여 잠시 쉬고 있었습니다. 문득 위를 올려다보니 찌르레기가 솔송나무 꼭대기에 앉아 여유로운 눈빛으로 우리를 내려다보고 있었습니다. 왜 도망치지 않을까 싶을 정도로 가까운 곳에 앉아 있는 녀석도 있었습니다.

강물은 더 이상 배가 움직일 수 없을 만큼 얕아졌고, 우리는 흐르는 물에 보트를 맡긴 채 되돌아갔습니다. 이미 해는 산등성이 너머로 숨은 뒤여서 주위가 어둑어둑했습니다. 빙하를 끌어안은 산들과 이끼로 둘러싸인 원시림, 산골짝을 배회하는 바람소리만이 우리를 반길 뿐이었습니다. 인기척이 없는 태곳적 풍경 속에서 움직이는 존재는 우리들뿐이었습니다.

나는 언젠가 친구인 A를 이 만으로 데려와야겠다고 생각했습니다. 이 고요하고도 장엄한 풍경 속에서 그가 받은 상처가 치유될 수 있다는 확신이 들었습니다.

밤이 깊어지자 하늘은 온통 별의 차지가 되었습니다. 아무리 기다려도 오로라는 나타나지 않았고, 대신 달이 우리를 반겼습니다.

내년에도 이곳을 꼭 다시 찾아와야겠습니다. '붉은 절벽의 만'은 누구에게도 가르쳐주고 싶지 않은 나만의 비밀입니다.

(1993년 8월 15일)

북극의 가을은
이처럼
아름다운데……

지금 9월의 알래스카 벌판을 거니는 중입니다. 매킨리 산의 들판에 자리 잡은 광대한 알파인 툰드라(일 년 내내 얼어붙어 있다가 여름에만 표면이 약간 녹는 벌판지대) 지대에 막 들어섰습니다. 북극의 아름다운 가을은 이루 형언할 수 없는 신비로움을 간직하고 있습니다.

  오늘 아침 캐나다 두루미가 합창하는 노랫소리가 들려왔습니다. 그런데 푸른 하늘을 아무리 올려다봐도 두루미의 모습은 보이지 않았습니다. 자세히 살펴보니 북쪽 하늘에서 V자의 두루미 편대가 날아가는 모습이 보였습니다. 눈이 닿지 않을 만큼 높은 하늘을 날고 있었기에 잘 보이지 않았던 것입니다. 드디어 가을 철새들의 이동이 시작된 것입니다. 북극권에서의 생활을 마친 새들은 이제 남쪽을 향한 새로운 여행을 서두르고 있습니다.

전망 좋은 구릉에 앉아 한숨 돌리며 보니 멀리 북극에 가까운 산들은 벌써 눈을 뒤집어쓰고 있습니다. 미미한 겨울의 향기가 묻은 바람이 땀에 젖은 몸을 상쾌하게 식혀줍니다. 어깨를 무겁게 파고드는 배낭을 벗고 있을 때 툰드라의 수풀 속에서 지금껏 한 번도 본 적이 없는 주둥이가 빨간 작은 새 한 마리가 눈에 들어왔습니다. 어떤 새인지 호기심이 생겨 조심스럽게 다가갔습니다. 녀석의 부리에는 립스틱이라도 칠한 듯 빨간 빛이 어른거렸는데, 아마도 월귤나무 열매를 쪼아 먹었나 봅니다.

백양나무와 자작나무 이파리들이 노랗게 물들고, 툰드라에 펼쳐진 융단은 와인 색으로 젖어들기 시작했습니다. 알래스카에 가을이 찾아왔다는 신호입니다. 신록의 절정이 딱 하루인 것처럼 단풍의 절정도 이곳에서는 불과 하루뿐입니다. 벌판을 수놓은 가을빛은 나날이 짙어만 가고, 여러 가지 식물들이 만들어내는 툰드라의 모자이크는 말할 수 없이 아름답습니다. 쾌청한 날씨가 계속되면서 기온은 조금씩 내려가고 이틀 후면 주위의 풍경이 오늘과 상당히 달라질 것입니다. 이곳에서는 단 하룻밤만으로도 계절의 변화를 감지할 수 있습니다. 며칠 후에는 북풍이 찾아와 캔버스를 물들이는 붓처럼 알래스카를 쓰다듬고 지나갈 것입니다.

블루베리와 크로우베리 열매는 무르익을 대로 익었고, 철새는 남쪽으로 떠나는 긴 여정을 위해, 곰은 겨울잠을 자려고 이들 열매를 부지런히 따먹으며 지방을 비축할 것입니다. 북쪽에서 누리는 자연의 혜택은 남쪽과는 약간 다릅니다. 이곳의 자연은 냉혹한 환경 속에서 잔뜩 몸을 움츠렸다가 기회를 엿봐 순식간에 흩어져 버립니다. 몇 달씩 같은 계절이 반복되는 남쪽과 달리 너무 짧기에 더우 매혹적입니다,

이곳 사람들 역시 다른 짐승들과 마찬가지로 겨우살이를 위해 가을이 허락한 혜택을 비축하고 있습니다.

가을 산을 걷느라 지칠 때면 나는 블루베리 열매로 목을 축이곤 합니다. 푸른 열매송이가 보이면 무작정 자리를 잡고 앉아 손이 닿는 대로 블루베리를 따먹고 나서 잠시 누워버립니다. 그때 눈에 들어오는 하늘은 블루베리 색과 똑같습니다. 블루베리가 하늘로 올라간 것인지, 하늘이 블루베리가 된 것인지 쓸데없는 생각을 하

다가 몇 분 졸고 나면 다시 기운이 생깁니다.

　이맘때쯤 블루베리 열매를 따기 위해 산을 찾는 사람들에게 에스키모들은 "곰과 머리를 부딪치지 않도록 조심하라"고 말합니다. 그것은 농담이 아닙니다. 왜냐하면 곰이나 사람이나 블루베리를 먹느라 정신을 팔다 보면 옆에 곰이 있는지, 또 사람이 있는지도 모르는 경우가 종종 생기니까요. 그래서 나도 블루베리를 딸 때면 늘 조심스레 주변을 살펴보곤 합니다.

　야산을 거닐다가 블루베리와 마주칠 때면 『사리와 월귤나무』라는 그림책이 떠오릅니다. 책은 어느 가을날 엄마와 사리가 블루베리를 따기 위해 함께 산을 오르는 장면에서 시작됩니다. 엄마와 함께 열심히 열매를 따던 사리는 블루베리에 정신이 팔려 엄마를 놓치고 맙니다. 근처에서는 사리 모녀처럼 블루베리를 따기 위해 어미 곰과 새끼 곰이 어슬렁거리고 있었습니다. 그런데 이 새끼 곰도 블루베리를 먹다가 그만 어미 곰을 놓치고 말았습니다. 결국 사리는 어미 곰을 따라가고, 새끼 곰은 사리의 엄마를 따라갑니다. 처음에는 말도 안 되는 동화라며 우습게 생각했는데, 이곳 알래스카에서는 이 그림책이 가장 현실적인 동화로 대접받고 있습니다.

　산골짜기의 허물어지기 쉬운 급사면을 가로지르는데 어디선가

"피유피유." 하고 금방이라도 날아오를 듯한 새의 노랫소리가 들려왔습니다. 고개를 들고 사방을 둘러보니 커다란 바위에 토끼 한 마리가 앉아 있습니다. 주둥이에는 어디에 쓰려는 것인지 마른풀이 잔뜩 물려 있었습니다. 나를 보고 깜짝 놀란 토끼는 화살처럼 달리기 시작했습니다. 그 모습이 너무나 귀여워서 토끼가 숨어 들어간 바위틈까지 쫓아갔습니다. 바위틈을 들여다보자 침대처럼 깨끗하게 쌓여 있는 마른풀이 보였습니다. 다가올 긴긴 겨울을 대비해 조금씩 저장해두었나 봅니다.

구릉 저편 산기슭으로 사슴 한 무리가 천천히 걸어가고 있습니다. 겨울을 나기 위해 남쪽 산림지대로 이동하는 것입니다. 봄에 태어난 새끼 사슴도 이젠 제법 많이 지났는지 힘들이지 않고 어미 뒤를 바짝 따라가고 있습니다.

해질 녘 호수에서 어미 무스와 새끼를 만났습니다. 새끼는 한 마리뿐이었습니다. 무스는 보통 두 마리의 새끼를 낳는데, 새끼가 어느 정도 자랄 때까지 두 마리 모두를 온전히 보호하고 있는 어미 무스는 거의 없습니다. 대부분은 새끼를 낳은 후 한 달이 지나지 않아 이리나 곰에게 습격을 당하곤 합니다. 이런 상황에서 어미 무스가 새끼 두 마리를 동시에 지킨다는 것은 불가능한 일입니다. 결국 어미 무스는 새끼 한 마리를 포기하는 대신 나머지 한 마리만 지키는 선택을 하게 됩니다.

  날마다 머리 위를 날아다니던 캐나다 두루미 편대도 더 이상 보이지 않습니다. 아마 지금쯤 남쪽 하늘 어디에선가 힘차게 날갯짓을 하고 있을 겁니다. 맑게 갠 밤, 오로라가 떠오르기 시작하면 가을빛은 사라질 준비에 바빠집니다. 눈앞의 들판도 남은 시간이 많지 않다는 것을 아는지 온 힘을 다해 그 푸르름을 드러내고 있습니다.

  가을은 이처럼 아름다운데, 웬일인지 사람의 마음은 더욱 초조해지기만 합니다. 북극의 여름이 너무나 순식간에 왔다가 사라져 버렸기 때문일까요. 어쩌면 길고 어두운 겨울이 코앞까지 다가왔기 때문인지도 모르겠습니다. 첫눈이 내리면서 또다시 겨울이 시작되겠지요. 막상 겨울이 찾아오면 사람들의 마음은 다시금 차분해질 것입니다.

  무한한 세계 저편으로 흘러가는 시간들은 계절을 통해 분명하게 느낄 수 있습니다. 자연이란 얼마나 멋진 생명인지 매일같이 감탄할 뿐입니다. 일 년에 단 한 번뿐인 오늘의 풍광은 내년에나 다시 볼 수 있다는 기약 때문에 더 많은 그리움을 남깁니다. 오늘과 같은 그리움들이 우리들의 인생에서 과연 몇 번이나 찾아오는 것일까요? 문득 궁금해졌습니다. 생명을 품고 그 자리에 우뚝 서 있는 알래스카의 대지처럼 인간의 삶을 작고 나약하게 만드는 힘은 없을 것이라는 생각이 듭니다.

 알래스카의 가을이야말로 나에겐 그런 힘을 절감케 하는 계절입니다.

(1993년 9월 5일)

봄소식

그동안 잘 지내셨는지요.

3월의 소리가 들리기 시작합니다. 페어뱅크스의 겨울도 다 지나갔구나 싶습니다. 좀더 정확히 말하자면 영하 50도의 무시무시한 추위도 이제 끝났구나라는 안도감이 듭니다. 일조시간이 나날이 조금씩 늘어나고 있습니다. 덩달아 기분도 조금씩 좋아집니다. 이런 것들이 모두 봄기운인 듯합니다. 하긴 이 광대한 알래스카의 어느 한 곳은, 예를 들어 북위 67도 이상의 북극권에서 살아가는 에스키모와 인디언들에게는 오늘이 그저 추운 겨울의 일부겠지만 말입니다.

올 겨울에는 유난히 눈이 많이 내렸습니다. 굶주린 무스들이 산에서 내려와 마을을 기웃댄 적이 한두 번이 아니었습니다. 페어뱅크스에서는 여름에 채소밭을 일구는 집들이 많은데, 이를 알고 있는 무스들은 겨울만 되면 눈 속에 남아 있는 야채 뿌리라도 뜯어 먹기 위해 이곳까지 내려옵니다. 다 자란 무스는 보통 600~700킬로그램이 넘기 때문에 그 거대함이 보는 사람을 압도합니다. 사슴의 일종이라는데, 이 거대한 짐승이 어슬렁거리는 모습을 보면 도저히 사슴 같지가 않습니다. 가까운 숲에서 갑자기 나타나기라도 하면 사람들이 잔뜩 겁을 집어먹을 정도입니다. 특히 새끼가 딸린 무스는 무척 위험해서 절대 가까이 다가가서는 안 됩니다. 그래도 이렇게 집 근처에서 무스 떼를 볼 수 있다는 것은 분명 알래스카가 허락한 행운입니다.

사실은 얼마 전 아내가 임신을 했습니다. 처음에는 너무나 기뻐 정신을 차릴 수 없었지만, 몇 달 후 마음 한구석을 불안케 만드는 사건이 일어났습니다. 예상치 못한 출혈이 며칠 간격으로 계속되어 병원을 찾았더니 잘못되면 유산할 위험이 있다는 것이었습니다. 의사와 여러 차례 상의해봤지만, 좀 더 두고 보자는 말밖에 듣지 못했습니다. 몇 년째 알래스카의 커다란 자연과 관계를 맺어오다가 이제서야 처음으로 나 자신이 품어온 자연을 향해 다가가기 시작했는데, 그 출발부터 이토록 힘든 여정이 펼쳐질 줄은 정말 몰랐습니다.

  6~7년 전쯤 카리부의 출산장면을 목격한 적이 있습니다. 5월의 알래스카 북극권에서 봄을 맞아 이동하는 카리부들을 기다리고 있을 때였습니다. 베이스캠프에서 지평선을 바라보면 저 멀리 북극해가 보였고, 5월이라고는 해도 바람이 한번 불기 시작하면 체감 기온은 금세 영하 50도 아래로 떨어지곤 했습니다.

  그러던 어느 날 저녁, 산에서 카리부 무리가 내려왔습니다. 30~40마리쯤은 되어 보였는데 캐나다 북극권의 삼림지대에서 1,000킬로미터 이상을 걸어 이곳에 당도한 것입니다. 게다가 모두 암컷이었고, 더 놀라운 사실은 대부분이 임신한 상태였다는 것이었습니다. 아무리 강인한 체력을 타고난 카리부일지라도 새끼를 밴 채 1,000킬로미터를 걸어왔다는 것은 눈으로 보고도 믿기 힘든 일이었습니다. 나는 10년 가까이 카리부를 찍어왔는데, 단 한 번도 출산장면을 본 적이 없어 늘 아쉬웠습니다. 매번 이 광대한 알래스카 북극권 어딘가에 숨어 녀석들을 기다리지만, 녀석들은 풀을 찾아 멋대로 이동하기 때문에 눈앞에서 출산장면을 촬영한다는 것은 사실 거의 불가능했습니다.

텐트 안에서 쌍안경으로 바라보고 있을 때 카리부 한 마리가 이상한 행동을 하기 시작했습니다. 녀석은 갑자기 무리로부터 떨어져 나왔는데, 몸이 무척 불편해 보였습니다. 옆으로 눕거나 일어서기를 반복하는 것을 보고 직감적으로 출산준비를 하고 있구나 싶었습니다. 안타깝게도 촬영할 수 있는 거리가 아니었고, 텐트 밖으로 나가면 녀석이 놀라 도망칠 수도 있어 그냥 쌍안경을 의지해 바라보는 수밖에 없었습니다. 다른 녀석들은 그에 아랑곳하지 않고 그대로 실을 새측해 이느새 툰드라 저편으로 사라져버렸습니다.

바로 그때 눈밭을 뒹굴던 카리부가 벌떡 일어났습니다. 잠시 후 눈이 잔뜩 쌓인 벌판 한구석에 검은 덩어리가 굴러다니는 것이 보였습니다. 재빨리 배낭에 카메라를 넣고 살며시 텐트 밖으로 나와 툰드라를 기어갔습니다. 자정 무렵이 다 되었을 때였는데, 북극권은 이미 백야의 계절로 접어든 탓에 석양이 설원을 환하게 비추고 있었습니다. 두꺼운 파카를 입었는데도 살이 찢겨나가는 듯한 추위가 그대로 느껴졌습니다.

 어미는 영하 50도의 추위를 뚫고 갓 태어난 새로운 생명을 열심히 핥아주다가 젖을 물릴 준비를 했습니다. 이제 막 태어난 새끼 카리부는 간신히 일어서더니 비틀거리면서도 어미젖을 정확히 찾아 입에 물었습니다. 새끼가 젖을 무는 동안 완전히 탈진한 어미는 툰드라 위에 흩어진 태반을 먹기 시작했습니다. 지평선에 떠 있는 석양이 그대로 아침 해가 되어 다시 떠오를 무렵에는 불안한 걸음으로 새끼가 어미 뒤를 따르기 시작했고, 그들은 어느새 시야에서 사라져버렸습니다.

 그로부터 며칠 후 작은 새끼 카리부의 사체를 얼어붙은 강변에서 발견했습니다. 이리나 곰에게 습격을 당했는지, 아니면 추위에 얼어 죽었는지 모를 일이었습니다. 몸뚱이 절반은 이미 무엇에게 먹혔는지 무참하게 뜯겨나갔습니다. 카리부의 생존은 출산 후 일주일이 고비입니다. 태어나는 순간부터 생후 일주일이 사느냐, 죽느냐의 갈림길인 셈입니다. 아무리 짐승이라고는 하지만 죽음을 깨닫기엔 너무 짧은 그 시간이 녀석들의 평생을 좌우합니다. 강변에서 발견한 새끼의 사체가 내가 출산을 목격했던 바로 그 녀석인지는 확실치 않습니다. 하지만 생과 사의 풍경이 너무나 강렬하게 떠올라 가슴 한구석이 무척이나 싸늘했던 기억이 아직도 생생합니다.

바로 며칠 전에는 이런 일도 있었습니다. 집에서 책을 읽고 있는데, 갑자기 "탁." 하고 창가에 무엇인가 부딪히는 소리가 들렸습니다. 곧장 베란다로 나가봤더니 창 아래쪽에 검은방울새가 쪼그리고 앉아 있었습니다. 유리에 비친 나무를 향해 이 어리석은 새는 전속력으로 돌진했던 것입니다. 얼마나 세게 부딪혔는지 손바닥 위에 올려놓자 머리에서 피가 흘렀습니다. 이른 봄이었지만, 바깥 기온은 영하였습니다. 이 불쌍한 작은 새를 집 안으로 데려와 작은 종이상자 속에 넣고 한동안 상태를 관찰했습니다.

알래스카의 새들은 대부분 철새입니다. 몇 종 안 되는 새들만이 영하 60도까지 떨어지는 페어뱅크스의 겨울을 묵묵히 이겨냅니다. 검은방울새도 그 중 하나인데, 불과 10센티미터밖에 되지 않는 이 작은 몸뚱이로 어떻게 영하 60도의 강풍을 견뎌내는지 경이롭기만 합니다.

상자를 따뜻한 난롯가에 내려놓고서 녀석의 상태를 관찰했습니다. 상처 입은 작은 새는 몸뚱이 전체로 간신히 숨을 쉬고 있었습니다. 어떻게든 살리고 싶었지만 방법을 알 수 없었습니다.

다행히 몇 시간 후 새는 기력을 되찾았고 피도 멈췄습니다. 나는 검은방울새를 자연의 섭리에 맡기기로 결심했습니다. 자연이 이 가냘픈 생명에게 어떤 운명을 정해주든 그대로 따라야 한다고 생각했기 때문입니다. 베란다 문을 열고 새를 밖으로 내보냈습니다. 집까지 무사히 날아갈 것인지 아니면 도중에 다른 새나 다람쥐에게 잡아먹힐지 알 수 없는 일이었습니다. 저녁에 한 번 더 베란다를 둘러봤지만 검은방울새는 보이지 않았습니다.

카리부의 새끼가 매서운 바람이 휘몰아치는 설원에서 태어나는 것도, 한 마리의 검은방울새가 영하 60도의 추위 속에서 즐겁게 지저귀는 것도 단지 그 속에 생명이 있기 때문입니다. 자연도 하나의 거대한 생명체입니다. 모든 생명에게는 주어진 환경을 극복하는 강인함이 있습니다. 또 너무나 쉽게 사라지는 연약함도 있습니다. 나는 생명이 가진 그 연약함 때문에 알래스카를 사랑합니다.

우리가 하루하루를 살아간다는 것은 그저 당연한 일상이 아니라 기적입니다. 오늘 나의 심장이 단 한 번도 쉬지 않고 움직였다는 것 자체가 기적입니다. 사람이 이 세상에 태어나는 것은 기적 중에서도 가장 큰 기적입니다. 아내가 유산할지도 모른다는 불안감 역시 모든 생명이 안고 갈 수밖에 없는 연약함이라는 사실을 알았기에 나는 누구도 원망할 수 없었습니다.

"유산해도 할 수 없어. 그건 자네 책임이 아냐. 단지 이건 자연의 순리일 뿐이라구. 편하게 생각하게."

장모님의 이 말씀이 우리들을 따뜻하게 위로해주었습니다. 이런 연약함 속에서 우리가 살아가고 있다는 사실, 다시 말해 어떤 한계 내에서 살아갈 수밖에 없다는 진리를 잊어버려서는 안 됩니다.

앞으로 한 달 후면 눈이 녹기 시작할 것입니다. 작년 봄에는 지붕에 쌓인 눈이 한꺼번에 쏟아져 내리는 바람에 베란다가 무너지고 말았습니다. 때마침 아침식사 중이던 나는 지진이 난 줄 알았습니다. 봄소식 치고는 참으로 요란했지요.

앞으로 도나시 추위가 찾아오고 여러 번 눈이 내리겠지만, 봄은 결국 그렇게 찾아올 것입니다. 여러분도 건강하시길 바랍니다.

(1994년 3월 7일)

성스러운
영혼의 소리,
루스 빙하

나 홀로 루스 빙하를 올랐습니다.
  이곳은 매킨리 산(북아메리카에서 가장 높은 산으로 알래스카 산맥 중앙부에 위치) 남쪽을 흐르는 빙하의 일부로서 알래스카 산맥 중에서도 가장 아름다운 지역입니다. 빙하 특유의 맑고 청명한 아름다움뿐 아니라 이곳을 둘러싸고 있는 날카로운 봉우리들이 마치 거대한 성곽을 이루듯 장엄한 광경을 자아내고 있습니다. 갈라진 곳 없이 하나로 굳게 붙어 있는 튼튼한 바위들과 화강암 암벽, 잘려

나간 빙하가 떨어진 단면의 깊은 푸르름, 거대한 크레바스(빙하의 갈라진 틈)의 조형……. 생물이 있는 것도 아니고 그렇다고 꽃이 필 수도 없는, 그래서 살아 있는 생물들의 발길이 끊어진 무기질의 풍경임에도 사람의 마음을 보다 조화롭게 승화시키는 이상한 힘이 간직된 세계입니다.

특히 내가 매년 베이스캠프로 선택하는 빙하의 원류는 루스 암피시어터라고 불리는 지역인데, 이름처럼 4,000~6,000미터급의 높은 산들에 둘러싸인 고대 원형극장과 비슷한 장소입니다. 이 웅장한 풍경은 말이나 글로는 미처 다 표현할 수가 없습니다. 이곳에 올 때마다 신화학자인 조지프 캠벨의 말이 떠오르곤 합니다.

"인류에게는 시간이라는 벽이 시리저도 기저이 나타나기에 적합한 장소가 필요하다. 오늘 아침 신문에 무엇이 실려 있었고, 내 친구는 누구이며, 누구에게 빚이 있고, 또 누구에게 얼마의 돈을 빌려줬는가를 잊어버릴 수 있는 신성한 공간이 반드시 필요하다. 본래의 자아와 미래의 내 모습이 순수하게 투영되고, 이끌어낼 수 있는 장소가 필요한 것이다. 이는 창조를 위한 일종의 부화장이다. 처음에는 아무 일도 일어날 것 같지 않지만, 자신의 성스러운 장소를 선택해 이를 활용한다면 언젠가는 꿈꿔왔던 일들이 반드시 실현될 것이다. 인간은 자신만의 성지를 창조함으로써, 또한 주변의 동식물들을 신화화함으로써 그 토지를 자신의 소유로 만들어왔다. 다시 말해 자신이 살고 있는 대지에 영적인 의미를 부여함으로써 스스로의 의미를 되찾았던 것이다."

어제는 보름달이 떴습니다. '무스 투스(무스의 이빨)'라고 불리는 거대한 바위 봉우리의 어깨에서 달이 떠오르자 빙하 전체가 밝아지면서 주위를 둘러싸고 있던 산들이 그림자를 만들어내기 시작했습니다. 이런 밤은 도저히 잠을 이룰 수 없기에 진한 커피가 가득 담긴 보온병을 배낭에 넣고서 베이스캠프가 있는 바위산에서 빙하를 향해 스키를 타고 미끄러지듯 내려갔습니다.

3월이라고는 하지만 여전히 기온은 영하입니다. 게다가 높은 산지라서 스키를 타고 빙하를 건널 때마다 차가운 바람이 몸 구석구석으로 스며듭니다. 이 조용한 세계에서 들리는 것이라곤 오직 발밑을 스쳐 지나가는 눈들의 외침뿐입니다. 광대한 풍경 속으로 영혼이 조금씩 빨려 들어가는 느낌이 들었습니다. 물결치듯 끝없이 펼쳐진 눈 덮인 벌판에서 스키를 멈췄습니다. 여기서부터 깊은 눈 속에 숨어 있는 크레바스 지대가 시작됩니다. 이곳이야말로 무스 빙하의 중심이며, 알래스카의 한복판입니다. 무스 투스, 마운트 바렐, 찰스베리, 매킨리의 모습들이 눈앞에서 어른거리며, 이 끝없는 눈 속으로 나를 삼켜버릴 것 같은 공포가 밀려옵니다.

배낭을 벗고 뜨거운 커피를 마시면서 달빛을 감상했습니다. 밤이 되면 빙하는 더욱 아름답게 빛납니다. 가끔 눈사태 때문에 땅이 흔들리곤 하는데, 오늘따라 세상은 너무나 조용하기만 합니다. 밤하늘엔 별들만이 빼곡히 떠 있고, 그 사이로 별똥별이 재주를 부리듯 떨어져 내립니다. 언젠가 사하라 사막을 여행하고 돌아온 친구가 들려줬던 사막의 밤도 이곳과 크게 다르지 않으리라는 생각이 들었습니다. 모래와 별들로 가득 찬 밤이 인간에게 선사하는 불가사의한 힘에 대해 그 친구는 상당히 감격했었는데, 이제야 그 기분을 이해힐 수 있을 듯합니다.

정보가 넘쳐나는 세상에서 살아가는 우리들이기에 아직도 그런 세계가 존재한다는 사실을 잊고 있었는지도 모릅니다. 그렇기 때문에 이런 장소와 마주치는 순간, 오히려 어떻게 해야 될지 몰라 방황하는 것입니다. 그럴 때일수록 나 자신을 비우는 용기가 필요합니다. 이 세계가 전에 살던 세계와 다르다는 이유만으로 두려워할 것이 아니라 나 스스로가 이 새로운 세계의 일부에 지나지 않는다고 생각하는 것입니다. 그러면 두려움은 풍요로움으로 바뀌고, 거대한 자연의 일부가 되어 내 안에 숨어 있던 무한한 가능성을 깨닫게 됩니다.

 오늘 오후에는 재미있는 일이 있었습니다. 베이스캠프 바로 곁에 멧새 한 마리가 날아왔습니다. 살며시 다가가자 새는 도망치기는커녕 나를 바라보며 뭐라고 중얼거리듯 재잘댔습니다. 먹을 만한 것을 주고 싶었지만, 여기는 먹을 것이라곤 아무것도 없는 빙하지대입니다. 게다가 작은 새가 휴식을 취하기엔 너무 추운 곳입니다. 길을 잃고 여기까지 날아온 것인지, 아니면 이동 중에 잠시 쉬는 것인지 궁금했습니다. 아무리 궁리해도 멧새가 왜 하필 이곳까지 오게 되었는지 이유를 알 수 없었습니다. 먹다 남은 빵을 던져줘도 새는 별다른 관심을 보이지 않습니다. 뭔가 이야기하고 싶다는 듯 연신 텐트 주위를 날아다니기만 합니다. 뜨거운 물이라도 한 모금 건네고 싶어 텐트에 들어갔다 나왔더니 어느새 멧새는 사라져버리고 없었습니다. 생물의 기척이라고는 없는 이 황량한 눈밭에서 나와 한 마리 멧새가 함께했던 시간들이 어쩐지 두 번 다시 겪을 수 없는 인연처럼 소중하게 느껴졌습니다.

 언젠가 읽었던 나바호 족 신화가 생각났습니다. 주인공은 '파리'였습니다. 그 파리는 인간이 혼자 사막을 걸을 때면 늘 어깨 위에 앉곤 했습니다. 나바호들은 그 파리를 '작은 파도'라고 불렀는데, 시련이 주어진 어린 영웅의 귓가에 용기를 북돋워주는 것이 임무였다고 합니다. 즉 인간이 깨닫지 못한 숨은 지혜를 가르쳐주는 성스러운 영혼의 소리였던 것입니다.

  나에겐 루스 빙하가 성스러운 영혼의 소리입니다. 나는 이곳에 지금까지 아무에게도 이야기한 적 없는 추억을 숨겨놓고 있습니다. 이 빙하를 처음 찾았던 10년 전의 일입니다.

  지난밤처럼 스키를 타고 빙하를 미끄러져 내려갈 때였습니다. 크레바스 지대를 뒤덮은 설원 위에 발자국 하나가 찍혀 있는 것을 발견했습니다. 그 발자국은 매킨리 산에서 내려와 루스 빙하를 거쳐 저 먼 북극점 시대를 향해 끝도 없이 이어지고 있었습니다. 대체 누가 목숨을 걸고 이 위험한 지대를 겁도 없이 지나간 것인지 궁금해서 가까이 가봤더니 사람이 아니라 늑대의 발자국이었습니다. 왜 이런 빙하지대에 늑대의 발자국이, 그것도 단 한 마리의 발자국만 찍혀 있는 것인지……. 오늘 만난 한 마리 멧새처럼 길을 잘못 찾은 것인지, 아니면 4,000미터가 넘는 매킨리의 능선을 넘어 홀로 여행을 시작한 것인지 너무나 궁금했습니다. 하지만 이 일에 대해서는 누구에게도 말하고 싶지 않았습니다. 우습게도 내 기억 속에만 그 발자국을 담아놓고 싶었던 것입니다. 내게만 허락된 추억은 인생을 살아갈 때 간혹 이상한 힘을 발휘하곤 합니다. 매일같이 반복되는 생활 속에서 문득 루스 빙하 저편으로 사라진 늑대의 발자국이 떠오르곤 합니다. 생활이 힘들고 지칠 때마다 홀로 바위와 얼음으로 뒤덮인 무기질 세계를 겁없이 찾아간 한 마리 늑대가 머릿속에 나타납니다. 그때마다 찬바람을 뚫고 빙하를 걸어가는 늑대의 숨결이 느껴집니다. 그리고 왠지 새로운 힘이 솟구치곤 합니다.

  루스 빙하에 도착한 지 벌써 일주일이 지났습니다. 얼굴은 햇빛에 그을려서 새카맣습니다. 밤이 짧아졌습니다. 고산지대의 눈밭에도 봄이 찾아오려나 봅니다. 오늘따라 눈사태 소리가 여느 때보다 자주 들려옵니다.

(1994년 3월 25일)

갈라파고스에서
만난
아마존의 꿈

남미의 에콰도르에서 펜을 듭니다. 모든 것이 새롭고 흥미롭습니다. 인디오(남미의 원주민)들의 표정에는 동양인의 사고방식으로는 도저히 이해할 수 없는 이국적인 특색이 고스란히 담겨 있습니다. 알래스카는 이미 나의 고향이므로 이번 여행이야말로 난생 처음 시도하는 해외여행인 셈입니다.

　한밤중에 샌프란시스코를 떠나 아침에 기내에서 눈을 뜨자 눈 아래에는 남미의 이질적인 풍경들이 가득합니다. 아주 높은 산악지대지만 신기하게도 빙하와 눈이 없습니다. 게다가 정상 근처까지 신록을 아낌없이 자랑하는 나무들이 자라고 있습니다. 적도에 가까운 곳이니 이런 풍광은 당연하지만, 오랫동안 알래스카에서 살아온 나에겐 매우 생소한 풍경이었습니다. 골짜기마다 조그마한 촌락들이 자리 잡고 있었는데, 나는 그동안 보지 못했던 세계가 시야에서 완전히 사라질 때까지 넋을 잃고 바라보았습니다.

남미까지 오게 될 줄은 정말 몰랐습니다. 게다가 알래스카에서 이토록 빨리 오게 된 것도 신기하기만 합니다. 인류의 문명이 과연 어디까지 발전할 것인지 그 경이로움에 감탄할 뿐입니다. 여행하는 내내 즐거웠습니다. 창밖에 펼쳐진 남미 대륙을 처음 봤을 때의 그 흥분이란……. 지금도 어린아이가 된 심정입니다. 비행기에서 볼 때의 흥분과 달리 직접 그 땅을 밟고, 사람들과 인사를 나누고 있자니 알 수 없는 불안감이 밀려옵니다. 나와 전혀 다른 세계와 마주칠 때의 왠지 모를 소외감이라고나 할까요. 21세기가 다 가오는데 무슨 바보 같은 생각이냐는 사람도 있겠지만, 나는 지금도 모르는 세계와 부딪힐 때면 알 수 없는 두려움을 느낍니다.

이런 두려움에 대한 책을 읽은 적이 있습니다. 안데스 산맥을 횡단한 어느 탐험대의 이야기였습니다. 대상隊商을 편성해 남미의 산악지대를 여행 중이던 어느 날, 짐을 져야 할 셰르파(네팔의 산악지대에 살아가는 종족)들이 멈춰 섰습니다. 더 이상 움직일 수 없다는 것이었습니다. 난처해진 탐험대는 급료를 더 올려줄 테니 빨리들 서두르라고 간곡히 부탁했습니다. 일당을 올려달라는 것이라고 생각했던 모양입니다. 그러나 셰르파들은 들은 척도 하지 않고 여전히 갈 수 없다며 버텼습니다. 현지인들의 말을 할 수 있는 대원이 대체 왜들 이러느냐고 물었습니다. 그러자 나이 많은 셰르파 대표가 이렇게 대답합니다.

"우리는 여기까지 너무 빨리 걸어왔소. 그래서 마음이 아직 우리를 따라오지 못했소. 마음이 우리를 찾아 여기에 도착할 때까지 기다려야 하오."

나는 이 글을 읽을 때마다 그 탐험대원들의 표정이 어떻게 변했을지 무척 궁금합니다. 탐험대원들은 아마도 두려웠을 것입니다. 이 낯선 이방인들의 사고방식과 그들의 세계에 자신들은 결코 동화될 수 없다는 소외감. 그 소외감이야말로 낯선 세계와 맞닥뜨렸을 때 인간이 겪게 되는 두려움의 실체입니다.

내가 이 먼 남미까지 오게 된 이유는 에콰도르에 대한 사진집을 만드는 프로젝트에 참여하기 위해서입니다. 세계에서 약 30명의 사진작가들이 모여 제각기 지역을 나눠 2주 동안 촬영할 계획입니다. 테마는 아마존, 인디오, 열대우림 등인데 나는 그중에서 갈라파고스 제도를 담당하게 되었습니다. 무척 짧은 기간이지만 많은 사진작가들이 자신에게 주어진 테마에 집중하여 한 권의 사진집을 만들고자 합니다. 주최는 에콰도르 정부가 맡았으나, 편집작업은 내셔널지오그래픽소사이어티(미국), GEO(프랑스), 아이로네(이탈리아) 등이 공동으로 추진할 예정입니다. 인세는 에콰도르의 사진작가들을 위한 기금으로 활용될 것입니다.

  섬에 숙박할 수 없다는 갈라파고스 제도의 규칙에 따라 우리는 배에서 생활하기로 결정했습니다. 얼마 전 이사벨라 섬에 산불이 일어나 세계적인 뉴스가 되었는데, 귀중한 코끼리거북의 서식지가 소실되는 것은 아닌지 걱정이 되었습니다. 다행히도 우리가 섬에 도착했을 때 불은 완전히 진화된 상태였습니다. 여행을 시작한 지 열흘이 지났지만, 아직도 알래스카에서의 생활이 떠올라 쉽게 적응이 안 됩니다.

  세계에서 제일 큰 코끼리거북과 적도에 사는 펭귄, 바다에 잠수하면 먹이가 넘쳐나기 때문에 날개가 퇴화되어 날 수 없는 가마우지, 오랜 지구의 역사를 생각케 하는 이구아나, 여러 섬에서 13종류의 형태로 진화된 핀치(검은방울새의 일종) 등 존재하는 생물마다 현실감을 상실한 듯 기묘하게 보입니다. 남해에서 바라보는 멋진 노을 저편으로 약 150여 년 전 수평선에서 등장한 '비글호'가 지금 당장 눈앞에 나타날 것만 같았습니다.

갈라파고스 제도의 불가사의한 자연을 즐기면서도 마음은 여전히 알래스카에 있습니다. 마침 카리부의 무리들이 북극권의 툰드라를 여행할 시기였거든요. 해마다 베이스캠프를 차리고 콩가크트강 골짜기에서 카리부 떼가 지나가기를 기다리곤 했습니다. 올해도 사슴들은 전과 다름없이 이동 중일지 몹시 궁금합니다. 친구인 돈 로스가 지금쯤 무엇을 하고 있을지도 궁금합니다. 파일럿인 로스는 아마도 브룩스 산맥을 신나게 날아다니고 있을 것입니다. 처음 방문하는 이국에서의 여행은 무척 흥미롭기만 한데, 알래스카 생각이 머릿속에서 떠나질 않습니다.

그래도 이 에콰도르 프로젝트에 참여하길 잘했다고 생각하는 까닭은 남미 사진작가들을 만날 수 있었기 때문입니다. 그중에서도 특히 나와 함께 갈라파고스 제도를 담당하게 된 콜롬비아 출신의 알두 브렌드와는 함께 여행하면서 형제처럼 우정을 쌓았습니다.

오랫동안 콜롬비아의 자연을 촬영해온 알두는 자기 나라의 일부인 아마존에 대해 한없는 애정을 품고 있는 친구입니다. 그의 이야기를 듣다 보면 현재 아마존의 자연과 인간의 생활에 영향을 미치고 있는 급속한 변화와 그로 인한 결과들이 마치 눈앞에서 영상으로 펼쳐지듯 생생하게 전달됩니다. 점차 사라지고 있는 아마존을 사진으로나마 충실하게 기록해두는 것이 사진작가로서 자신의 꿈이자 의무라며, 알두는 그렇게 매일 밤 열정적으로 자기 이야기를 들려줬습니다.

그는 또 콜롬비아에서 사진을 찍으며 살아가는 어려움과 딜레마에 대해서도 털어놓았습니다. 우선 사진을 발표할 매체 자체가 부족하다고 합니다. 물론 사진과 관련된 잡지도 전무한 실정입니다. 들으면 들을수록 알두의 가난한 생활에 가슴이 아팠습니다. 알두가 현재 살고 있는 집은 그의 증조할아버지 때부터 살았던 낡은 구식 오두막이라고 합니다. 게다가 알두는 카메라 외엔 다른 장비가 없는데 그 카메라마저 제대로 작동될지 의심이 들 만큼 구식이었습니다. 나는 알두가 처한 현실에 마음이 쓰였습니다.

하지만 알두는 단 한 번도 자신의 처지를 원망하는 기색을 보이지 않았습니다. 원망하기는커녕 성격이 활달해 늘 우리들보다 먼저 행동하고 앞장을 섰습니다. 성격도 어찌나 시원스럽던지 모든 사진작가들이 알두와 함께 일하고 싶어 했습니다. 외모도 사진작가답게 철학적으로 생겼고 유머 감각도 뛰어났습니다. 여행을 시작하기 앞서 전원이 자기소개를 한 적이 있었는데, 지금도 그때 알두가 했던 이야기가 귓가에 들리는 것 같습니다.

"저는 콜롬비아의 자연을 찍고 있습니다. 어떤 분들은 콜롬비아 하면 마약과 범죄를 떠올릴지도 모르겠습니다. 나로서도 조국 콜롬비아가 처한 현실이 슬프기만 합니다. 콜롬비아는 현재 자연보호에 힘쓸 여력이 없습니다. 이럴수록 우리 같은 사진작가들이 힘을 내야 합니다. 미래의 후손들에게 오늘날 우리가 누리는 아름다운 자연들을 보여주기 위해서라도 더욱 열심히 일해야 합니다. 우리 고향 사람들은 사진을 찍어봤자 무엇이 달라지느냐고 말합니다. 하지만 저는 믿습니다. 언젠가 먼 훗날, 아마존의 밀림이 모두 사라진다 해도 아마존의 모습과 그 속에서 살아갔던 사람들의 표정이 담긴 한 장의 사진으로 얼마든지 아마존을 되살릴 수 있다고 말입니다. 아, 그리고 개인적으로 저는 암벽등반을 즐깁니다. 수직으로 내리뻗은 암벽을 타고 올라갈 때마다 환희를 느낍니다. 제대로 설명할 수는 없지만, 암벽등반은 취미가 아니라 제 삶의 신앙이라고 생각합니다. 앞으로 잘 부탁드립니다."

알두는 어딘지 모르게 속세를 떠난 사람처럼 보였습니다. 첫인사를 나누자마자 그의 소박한 인간성에 매료되었습니다. 이번 프로젝트에 참여하기 전에는 콜롬비아, 아니 남아메리카 전체가 내겐 그저 지도에 등장하는 막연한 세계의 일부에 불과했습니다. 하지만 지금은 친근한 이웃처럼 느껴집니다. 아마 알두에게도 알래스카는 그저 지도의 한 귀퉁이에 불과할지 모릅니다. 친구가 된 알두에게 알래스카의 진정한 모습을 보여주기 위해서라도 지금보다 더 열심히 알래스카를 사랑해야겠다는 생각이 듭니다.

무엇보다 이번 여행에서 나를 사로잡은 풍경은 바로 노을입니다. 알래스카의 태양은 수평으로 천천히 이동하는데 적도의 노을은 수직으로 떨어집니다. 그 숭고한 낙하에 나는 완전히 매료되었습니다.

(1994년 6월 28일)

구친
인디언의 마을
올드크로

그동안 잘 지냈는지 모르겠군요. 이곳은 어느덧 7월로 접어들고 있습니다. 꽤 무더운 날씨가 계속되고 있네요. 알래스카가 무덥다니! 아마 여러분들은 쉽게 상상이 안 되겠지요. 극북(북극에 가까운 지점)의 여름은 무척 상쾌합니다. 하루 종일 밖에서 활동해도 거의 땀이 안 날 정도입니다.

지금 구친 인디언의 마을인 올드크로(늙은 떠돌이까마귀의 마을이라는 뜻)에 머물고 있습니다. 이 마을은 캐나다 북극권에서 알래스카 북극권으로 흐르는 포큐파인 강 부근에 자리 잡고 있습니다. 국경을 기준으로 캐나다에 좀더 가까운 곳이지요. 극북에서 가장 아름다운 강으로 꼽히는 포큐파인 강은 그 하류에서 알래스카를 관통하는 유콘 강으로 흘러듭니다.

 이 마을을 조금만 걷다 보면 왜 마을의 이름이 올드크로인지를 금세 깨닫게 됩니다. 실제로 이곳엔 까마귀들이 엄청나게 많습니다. 하지만 이들 떠돌이까마귀들에게 조금이라도 친절을 베풀겠다는 심정으로 다가갔다가는 낭패를 보기 십상입니다. 이들은 어찌나 영리한지 인간의 도움 따위는 필요 없다는 듯 먹이를 던져줘도 날아가버립니다. 까마귀는 인디언을 비롯해 알래스카 원주민의 창세신화에 반드시 등장하는 대표적인 새입니다. 이곳 사람들은 떠돌이까마귀가 세상을 만들었다고 생각합니다. 처음에 까마귀들은 고통과 추악함이 존재하지 않는 행복한 세계를 만들었는데, 얼마 못 가 이런 완벽함에 싫증을 느껴 이 세상을 다시 불완전한 곳으로 변화시켰다고 합니다. 그리고 인간은 까마귀가 만들어낸 가장 불완전한 창조물 중 하나라고 합니다.

 2년에 한 번씩 북극에 사는 구친 인디언들이 한자리에 모이는 축제가 열립니다. 올해에는 그 축제가 올드크로 마을에서 열렸습니다. 알래스카에서 구친 족이 사는 마을은 아크티크 마을, 찰키치크 마을, 비타니 마을뿐입니다. 지도를 펼쳤을 때 올드크로 마을 바로 옆으로 국경이 그어져 있는데, 하늘에서 내려다보면 그저 다 같은 벌판입니다. 사람이 만들어놓은 국경이 알래스카처럼 무시되는 곳은 아마 없을 겁니다. 나는 알래스카에서 이곳까지 경비행기를 타고 왔지만 다른 사람들은 대부분 보트를 저어 이곳에 도착했습니다.

혹시 구친 인디언이라는 종족에 대해 한 번이라도 들어본 적이 있으신가요? 미국 사람들 중에서도 이들에 대해 아는 사람은 극소수에 불과합니다. 이들은 전부 합쳐봐야 5,000명이 채 안 되는 극북의 수렵종족으로 이 땅을 물결처럼 지나가는 카리부 사슴을 사냥해 생활하고 있습니다. 유전개발이나 카리부 목축처럼 북극권의 장래를 둘러싼 환경보존 논쟁이 없었다면, 그리고 이 같은 미국 정부의 계획에 구친 인디언들의 적극적인 반대가 없었다면 아마도 지금까지 이들이 누구인지, 또 종족의 이름은 무엇인지 세상에 전혀 알려지지 않았을 것입니다. 어쩌면 이들이야말로 그렇게 세상으로부터 잊혀 자신들만의 삶을 누리고 싶어하는지도 모르겠습니다.

주민이 불과 200명밖에 되지 않던 올드크로 마을이 사람들로 북적였습니다. 마을 사람들의 집만으로는 이들을 전부 수용할 수 없었기 때문에 대부분이 강변에 텐트를 쳤습니다. 나 역시 텐트에 머물 작정이었습니다. 다행히 어떤 인디언 친구가 롤리라는 구친족 여성을 소개해준 덕분에 잠자리를 해결할 수 있었습니다.

인디언 친구는 롤리가 커다란 녹색 텐트를 갖고 있다면서 쉽게 찾을 거라고 말했습니다. 실제로 강변에서 녹색 텐트를 친 사람은 롤리밖에 없었습니다. 롤리는 30대 중반으로 보였는데, 어린 두 아이가 있었고 남편과는 이혼한 상태였습니다. 그녀의 어머니는 구친 인디언, 아버지는 백인이었다고 합니다. 부모들 또한 오래전에 이혼했답니다. 롤리는 뭔가를 골똘히 생각하는지 표정이 꽤나 심각해 보였습니다. 혹시 그녀에게 방해될까 싶어 나는 자꾸 눈치를 보게 되었습니다. 그래도 그녀가 왜 혼자서 이 커다란 텐트를 가지고 이곳까지 찾아왔는지 무척 궁금했습니다. 그녀는 내 질문에 단지 "개인적인 일 때문에."라고 짤막하게 대답했습니다.

2년에 한 번씩 열리는 구친 인디언의 축제는 부족이 안고 있는 여러 가지 문제를 서로 이야기하며 의논하기 위해 시작되었다고 합니다. 유전개발에 대한 불안, 수렵생활을 언제까지 지켜나갈 수 있을지에 대한 불안, 전통적인 가치관이 상실되는 시대적 불안, 알코올 중독, 사라져가는 언어, 젊은이들의 미래처럼 매일 다른 테마를 정해 아침부터 저녁까지 이야기를 나눕니다. 그것은 새로운 시대와 더불어 시작된 알래스카 원주민 전체의 문제이기도 했습니다.

이곳에서는 누구든지 발언할 권한이 있습니다. 순번도 시간제한도 없습니다. 테마가 정해져 있기는 하지만, 개인적인 추억이라든가 고백, 걱정거리, 미래에 대한 희망 등을 이야기해도 상관없습니다. 다만 이야기를 할 때는 오래된 지팡이를 꼭 쥐고서 해야 합니다. 지팡이를 쥐는 이유는 이곳에서 발언한 모든 사람들의 소원이 하나로 묶여지기를 희망하기 때문이라고 합니다.

나는 10년 가까이 카리부를 촬영하면서 카리부와 함께 살아온 극북의 수렵종족에게도 적지 않은 호감을 갖고 있었습니다. 구친 인디언 노인들을 찾아가 지난날의 사람들이 무엇을 생각했고, 자연과 어떻게 유대를 맺으며 살아왔는지 알아보고 싶었던 차에 다행히 올드크로 마을에서 열리는 축제를 알게 되어 여기까지 온 것입니다. 이곳에 머무는 동안 단순히 옛날 이야기를 듣는 데 그치지 않고, 알래스카 원주민들이 현재 어떤 상황에 처해 있는지 자세히 알아볼 계획입니다. 그래서 기회가 된다면 되도록 많은 사람들과 만나 이야기를 나누고 싶습니다.

한쪽 구석에 앉아 여러 목소리에 귀를 기울이다 보니, 극북의 벌판을 살아가는 구친 인디언이 안고 있는 문제들이 단지 그들만의 문제가 아니라 인류라는 공동체가 현재 안고 있는 문제라는 사실에 공감하게 되었습니다. 모든 인류는 새로운 시대가 과연 어떤 모습일지 다들 불안해하고 있습니다. 이런 불안은 인생에 대한 불안이며, 우리를 둘러싸고 있는 자연환경에 대한 불안이며, 후손의 미래에 대한 불안이기도 합니다.

젊은이들은 쉴 새 없이 밀려오는 근대적인 서구문명의 틈바구니에서 예전의 가치관을 그대로 유지할 수는 없다고 말했습니다. 또 서구문명과 구친 족의 전통 중 어떤 쪽을 마음의 지주로 삼고 살아야 될지 모르겠다는 말도 많이 나왔습니다. 이런 이야기들에 귀를 기울이면서 내가 만일 구친 인디언의 젊은이였다면 대체 어떤 삶을 계획했을지 곰곰이 생각해봤습니다. 출구가 꽉 막혀버린 좁은 터널에서 길을 잃고 헤매는 젊은이들의 모습이 무척 안타까웠습니다. 그들은 자신의 미래를 위해 필사적으로 노력하고 있었습니다. 나로서는 부디 그 결과가 희망적이기를 마음속으로 기도하는 것 외엔 달리 방법이 없었습니다.

앞으로 5년 후면 2000년이 시작됩니다. 우리는 현재 한 세기가 저물고, 또 다른 세기가 찾아오는 모퉁이에 서 있는 것입니다. 자원은 날이 갈수록 고갈될 것이며 인구문제도 심각한 수준에 이를 것입니다. 환경오염은 생각만 해도 끔찍합니다. 인간은 지구를 파괴할 수는 있어도 지구를 소생시키지는 못합니다. 이런 사실에 직면할 때마다 나도 모르게 무력감이 찾아옵니다. 앞으로 구친 족뿐 아니라 인류 전체가 직면한 문제들에 대한 올바른 해답을 구해야 합니다. 그러나 한편으론 이런 생각도 듭니다. 올바른 해답 같은 것은 아예 처음부터 없었다고. 문제를 만들지 않는 것만이 유일한 해답이라고.

어떤 사람들은 1,000년 후의 지구와 인류의 생존에 대한 책임은 오늘을 살아가는 현대인에게 있다고 주장합니다. 그런 말을 들을 때마다 난처해집니다. 물론 오늘의 선택이 1,000년 후의 미래에 영향을 미치는 것은 사실이지만, 현실적으로는 100년이나 200년 후의 세계에 대해 더 큰 책임이 있는 것이 아닐까요. 거창하게 1,000년을 바라볼 것이 아니라 당장 10년 후의 변화를 생각하는 것만으로도 세상은 지금보다 훨씬 아름다워질 것입니다. 어쩌면 오늘 우리들의 삶은 내일 후손들이 살아갈 미래를 준비하는 여행인지도 모르겠습니다.

    집회가 끝나가던 어느 날, 뜻밖에도 롤리가 마이크 앞에 섰습니다.

    "저는 그동안 백인사회에서 살아왔어요. 부모님도 이혼하셨고 저도 이혼했습니다. 백인사회에 동화되고 싶었지만, 말처럼 쉽지 않았어요. 그렇게 제 자신을 잃고 살았지요. 그러다 문득 제 몸의 절반을 채우고 있는 인디언의 피를 깨닫게 되었어요. 뒤돌아보면 지금의 불행은 소녀시절에 이미 정해졌던 것 같아요. 그때 무척 힘들었거든요. 무엇 때문인지는 잘 모르겠어요. 백인들과 피부색이 달라서였는지, 아니면 그냥 제 자신의 문제였는지 지금도 이해가 잘 안 돼요. 그러던 어느 날 엄마가 태어난 곳을 방문했어요. 그때 처음으로 제가 어딘가에 속해 있다는 것을 깨달았죠. 그 뒤로 가끔 구친 인디언의 집회에 참석하게 되었답니다.……"

    롤리의 이야기는 지금까지 자신의 삶을 가로막고 있었던 모든 슬픔과 고통을 토해낸 진실한 고백이었습니다. 그날 저녁 롤리는 텐트에서 이렇게 말했습니다.

    "모임에 오길 잘한 것 같아요."

롤리와 나는 올드크로 마을에서 처음 만났을 뿐, 서로 어떤 인생을 살아왔는지에 대해서는 잘 모릅니다. 그러나 확실한 것은 이번 집회를 통해 진정한 나를 찾기 위한 여행이 시작되었다는 점입니다.

구친 인디언의 집회는 오늘로 끝입니다. 지난밤에는 카리부 사슴으로 만든 갖가지 음식들이 제공되었습니다. 사람들은 자연이 허락한 선물을 배불리 먹으며 밤늦도록 춤을 췄습니다. 나도 그들과 함께 서툴지만 즐겁게 춤을 췄습니다.

오늘도 날씨가 화창합니다. 사람들은 자신의 마을로 돌아가기 위해 보트를 타고 포큐파인 강을 내려갑니다. 그들 뒤로 웅대한 벌판이 끝없이 계속되고 있습니다. 수채화처럼 맑게 핀 구름들이 둥실하게 떠 있습니다. 오늘따라 하늘이 정말 넓습니다.

"꾸윽꾸윽."

이 마을의 주인이자, 알래스카의 모든 역사를 간직하고 있는 떠돌이까마귀들의 외침입니다. 까마귀들은 배를 타고 각자의 삶으로 돌아가는 구친 족들과 함께 구름 저편으로 조금씩 사라져 갔습니다.

(1994년 7월 4일)

사람의 시간을
가르쳐주는
잘츠부르크

오스트리아의 잘츠부르크에서 이 편지를 쓰고 있습니다. 처음으로 유럽을 방문했습니다. 어린아이가 혼자 소풍을 온 것처럼, 혹은 처음으로 시골에서 막 상경한 듯한 긴장감에 뭐라 말할 수 없이 들뜬 기분이 듭니다. 미국에서 18년이나 살았지만 아직도 외국이라는 단어에서 낯설음이 느껴집니다. 게다가 유럽은 북극을 돌아서 간다면 알래스카에서 그리 멀지 않은 곳임에도 마치 두 번 다시 오기 힘든 곳을 방문한 것처럼 설레기만 합니다.

독일자연사진협회가 주최하는 필름 페스티벌이 뒤셀도르프에서 있었는데, '알래스카의 사람과 자연'이 주제였습니다. 실은 그 때문에 여기까지 찾아온 것입니다. 이제 그 일도 다 끝났기에 나머지 일정 동안 잘츠부르크를 여행하기로 했습니다. 주어진 시간은 불과 열흘, 여기저기 돌아다니기보다는 천천히 여유 있게 이곳 사람들의 생활을 관찰해볼 생각입니다.

마침 잘츠부르크에 친구가 살고 있어 많은 도움이 되었습니다. 그 친구에게 〈사운드 오브 뮤직〉 이야기를 했더니 친구는 '너도 그 이야기냐?'라는 표정으로 한심스럽다는 듯이 바라보더군요. 하지만 〈사운드 오브 뮤직〉에 등장했던 잘츠부르크의 풍경은 외국을 그저 막연히 동화에 등장하는 장소쯤으로 인식하고 있던 어린 소년에겐 잊을 수 없는 동경이었습니다. 전설 같은 옛 도시와 그 위에 펼쳐진 알프스의 산들을 보면서 과연 지구에 이토록 아름다운 곳이 있을까라는 생각에 잠기곤 했었으니까요.

아침 일찍 뒤셀도르프로 향하는 열차에 몸을 실었습니다. 라인 강과 알프스의 골짜기를 지나 잘츠부르크에 도착한 것은 저녁 늦게였습니다. 마중 나온 친구의 차를 타고 시내로 접어들자 곧 잘츠아하 강이 눈에 들어왔습니다. 그 너머로 호엔잘츠부르크 성이 전설처럼 밤을 배경으로 떠오르자 가슴이 두근거렸습니다. 알래스카의 벌판에서 찾아온 나에게 오스트리아는 완전히 다른 세상을 보여주었습니다. 단순히 책에서 읽었던 역사가 눈앞에 엄연히 존재하는 현실로 다가오는 기분이란 정말 대단했습니다.

 다음 날 아침, 나는 마을 입구의 카페에 앉아 뜨거운 커피를 마시면서 지나가는 사람들을 멍하니 구경했습니다. 명소와 고적도 많았지만, 그런 곳을 찾아다니기보다는 변두리 식당에서 이곳 사람들과 함께 식사를 하는 편이 훨씬 즐거웠습니다. 매일 그렇게 잘츠부르크 시내를 어슬렁거리며 돌아다녔습니다. 특히 '모차르트'라는 간판이 걸린 카페를 자주 찾았는데, 이곳 커피가 맛있기도 하거니와 체스를 구경하는 것 또한 무척 재미있었습니다. 이렇게 잘츠부르크 사람들과 함께 커피를 마시거나, 식사를 하거나, 체스를 두면서 시간을 보내다 보면 잘츠부르크라는 외국의 도시는 어느새 내 기억 속에 낯선 이국의 땅이 아니라 고향처럼 새겨지는 것입니다.

 하루는 이발소를 찾았습니다. 여행을 할 때 그 고장 분위기를 피부로 느끼고 싶다면 이발소를 찾는 것이 최고입니다. 그 이유를 묻는다면 굳이 할 말은 없지만, 어쨌든 이발소 의자에 앉아 머리를 다듬거나 면도를 하면서 멀거니 몇 시간씩 앉아 있다 보면 왠지 그 고장 사람이 된 듯한 착각이 들곤 합니다.

언젠가 알래스카에서 만난 스위스 탐험가가 내게 이런 말을 했습니다.

"스위스엔 더 이상 자연이라는 것이 없습니다. 대부분이 사람들의 손길로 만들어진 인공적인 자연입니다. 만일 그럴 힘만 있다면 스위스 사람들은 알프스를 관광하기에 좀더 편한 곳으로 옮기려고 할 겁니다."

나는 이번 여행을 통해 스위스와 독일의 관광객들이 왜 그토록 알래스카에 열광하는지를 알게 되었습니다. 며칠 전 친구와 잘츠부르그 교외의 산을 올랐습니다. 등산로도 잘 꾸며지고 아름드리 나무들이 울창했지만, 알래스카의 황량한 산들과 비교하면 왠지 싱겁다는 생각이 들었습니다. 솔직히 말하자면 알프스를 처음 봤을 때 상자 속에 담겨진 모형 정원이 생각났습니다. 나무 한 그루, 풀 한 포기마다 사람의 정성이 묻어났지만, 사람의 정성이 진정한 자연의 생명력을 대신할 수는 없습니다. 인간의 손길을 거부하는 듯한 생명의 약동이야말로 자연의 위대한 힘입니다. 유럽인들이 알래스카에 매료되는 이유는 진정한 야생의 힘이 그립기 때문입니다. 나는 알프스를 통해 그들의 솔직한 감정을 이해할 수도 있을 듯했습니다.

100년 전쯤 알래스카를 여행한 사람이 죽기 직전 이런 말을 남겼습니다.

"젊은 시절에는 알래스카를 찾지 말아라. 인생의 마지막 고비라고 느껴질 때 그곳을 찾아라."

알래스카는 모두가 알고 있듯이 생명이 살아가기엔 최악의 조건입니다. 그러나 아이러니컬하게도 이 최악의 조건에서 사람은 자기 안에 숨겨진 진정한 생명력을 깨닫습니다. 알래스카의 천혜의 자연이 알프스처럼 사람이 가꿔놓은 인위적인 자연보다 훌륭하다고 단언할 수는 없겠지만, 인간이 자연을 통해 얻고자 하는 것이 무엇인지를 생각해봤을 때 옛 탐험가의 말이 자꾸 뇌리에 남는 것은 어쩔 수 없습니다.

잘츠부르크에서 가장 놀라운 것은 믿을 수 없을 정도로 오래된 건축물들입니다. 어젯밤 클래식 연주회를 관람했는데, 돌로 만든 회관이 300년도 넘었다는 말을 듣고 한동안 입이 다물어지지 않았습니다. 시내 어디에서나 볼 수 있는 호엔잘츠부르크 성은 1077년에 완공되었습니다. 시간이나 역사에 대한 감각이 무뎌지는 듯한 충격이 은은하게 밀려왔습니다. 이처럼 오래된 역사가 아직도 사람들의 호흡과 더불어 살아남았다는 놀라움과 로마 문화나 르네상스처럼 책에서 읽었던 서구의 역사가 바로 어제 일처럼 다가오는 신비로움이 한데 겹쳐져 새로운 감동을 불러일으켰습니다.

나는 오랫동안 알래스카를 여행하면서 인간의 역사를 측량하는 한 가지 척도를 발견하게 되었습니다. 바로 베링 육교의 존재입니다. 마지막 빙하기가 시작될 무렵, 바싹 마른 베링 해를 한 무리의 몽골로이드가 건넜습니다. 지금으로부터 약 1만 년 전 그렇게 도착한 곳이 바로 아메리카 대륙이라고 합니다. 사람의 계산으로는 도저히 가늠할 수 없는 세월입니다. 그러나 드넓은 알래스카를 여행하면서 1만 년이 그렇게 먼 옛날이 아닐지도 모른다는 생각이 들었습니다.

그렇게 생각하는 버릇 때문인지 유럽의 역사가 불과 몇 년 전의 일처럼 가깝게 다가왔습니다. 르네상스 시대에 지어진 건물들을 바라보면서 400~500년 전에 있었던 역사라는 사실이 믿어지지 않았습니다. 인간의 역사는 자연과 비교했을 때 아직도 일천하기만 합니다. 수억 년에 걸쳐 생성된 알래스카의 드넓은 대지만 경험하다가 몇백 년에 불과한 사람의 역사를 다시금 깨닫게 된 이번 여행은 앞으로 내가 살아갈 인생에 많은 도움이 될 것입니다.

유럽을 방문하길 잘했다는 생각이 듭니다. 알래스카가 자연의 시간이라면, 유럽은 사람의 시간을 가르쳐주었습니다. 문득 두 세계가 서로 아무런 상처도 주지 않고 공존할 수는 없을까라는 생각을 해봤습니다. 알래스카로 돌아가면 유럽에서 느꼈던 경험들을 좀더 구체적으로 생각해봐야겠습니다. 무엇보다 이번 여행은 내게 허락된 시간만큼은 최선을 다해 살아야 한다는 의지를 확인할 수 있어 좋았습니다.

내일부터 친구와 함께 잘츠부르크에서 50킬로미터쯤 떨어진 산간마을을 여행하기로 했습니다. 그 친구가 태어난 고향의 부모님을 방문하기 위해서입니다. 무척 아름다운 마을이라는데, 근처인 할슈타트 골짜기에 선사시대부터 돌소금을 채취한 사람들의 후손이 아직도 살고 있다는 말을 들어서인지 더욱 궁금합니다.

오늘은 눈이 조금 내렸습니다. 문득 알래스카의 겨울이 그리워집니다.

(1994년 10월 28일)

두 세계가
공존하는
하나의 길,
아미시 사람들

여기는 펜실베이니아 주의 피츠버그입니다. 11월이라고는 하지만, 알래스카의 겨울을 온몸으로 느낀 사람에겐 그저 쌀쌀한 봄 정도밖에 되지 않는 날씨입니다. 영하 50도의 매서운 삭풍이 휘몰아치는 알래스카의 겨울이 피츠버그의 따뜻한 겨울보다 훨씬 더 친근하게 느껴지는 걸 보니 나도 어느덧 알래스카 사람이 다 되었나 봅니다.

  이곳에 있는 카네기자연사박물관에서 약 3개월 동안 알래스카를 주제로 한 사진전이 시작됩니다. 그 오프닝 행사에 참석하기 위해 피츠버그를 찾았습니다. 미국 본토의 대도시를 방문할 때마다 알래스카라는 곳이 얼마나 인간의 문명으로부터 멀리 떨어져 있는가를 새삼 깨닫게 됩니다. 지금까지 아무렇지도 않게 지내온 알래스카의 추운 대지가 멀고 먼 다른 세계처럼 느껴졌습니다.

오늘은 하루 종일 일정이 없었습니다. 호텔에서 빈둥거리고 있자니 문득 아미시(재세례파의 한 교파)들 생각이 떠올랐습니다. 펜실베이니아 주에는 아미시 마을이 몇 군데 있습니다. 궁금한 점을 사람들에게 물어보고 나서 피츠버그에서 가장 가까운 뉴웰링턴을 방문하기로 했습니다.

아미시의 역사는 종교개혁이 발발한 16세기 초까지 거슬러 올라갑니다. 당시 성서 속의 검소한 신앙생활로 되돌아가야 한다는 움직임이 그 시작이었던 셈입니다. 이런 확고한 신념이 오늘에까지 이어져 아직도 많은 사람들이 자신들만의 공동체 속에서 살아가고 있습니다. 이들은 과학기술에 매우 회의적이며, 오늘날에도 대다수가 전기를 사용하지 않습니다. 한마디로 현대문명과는 완전히 절연된 생활을 유지하고 있습니다. 국가가 실시하는 고등교육에도 거부감이 많기 때문에 현대사회가 요구하는 삶을 살아가는 사람이 거의 없으며, 대신 농장을 경영하면서 소박하게 살고 있습니다.

아미시들은 복장이 매우 독특하기 때문에 아마도 미국 영화에서 한번쯤 본 기억이 있을 겁니다. 어른이나 아이들을 막론하고 남자들은 모두 차양이 넓은 검정 모자를 쓰고 다니며, 장식이 거의 없는 검은 양복을 주로 입습니다. 여성들도 비슷한데, 더 이상 검소할 수 없을 정도로 독특한 복장을 하고 있습니다. 교통수단으로는 아미시의 상징인 조그마한 상자처럼 생긴 검은 마차를 이용합니다. 자동차가 난무하는 현대사회에서 이 작은 마차처럼 이들을 문명과 분리시키기에 적합한 상징은 없을 것입니다.

나는 예전부터 미국과 같은 근대문명의 정수가 모인 국가에서 인간의 역사에 역행하는 사회를 만들어낸 사람들이 어떻게 살고 있을까 무척 궁금했습니다. 모두가 꿈꾸는 진보를 철저하게 부정하는 사람들은 과연 어떤 신념으로 살아가는지 직접 확인하고 싶었습니다.

세 시간 정도 차를 몰고 가자 뉴웰링턴의 작은 마을이 보였습니다. 미국의 전형적인 시골마을입니다. 아미시 마을은 이 시가지의 교외에 자리 잡고 있습니다. 나처럼 아미시들을 구경하기 위해 꽤 많은 사람들이 이곳을 찾기 때문에 대부분의 아미시들은 외지인들에게 무척 배타적이라고 합니다.

　시가지를 벗어나자 긴 언덕길이 나타나면서 아름다운 전원지대에 들어섰습니다. 그때 갑자기 차 앞으로 검은 마차 한 대가 다가왔습니다. 속도가 너무 느려 마치 나를 향해 돌진하는 것 같았습니다. 나는 어떻게 해야 될지 몰라 잠시 뒤를 따라가며 천천히 액셀러레이터를 밟다가 조심스레 추월했습니다. 사이드미러에 마차를 모는 사람의 얼굴이 비쳤습니다. 내가 만난 최초의 아미시였죠. 예상했던 대로 검은 옷을 입고 산타클로스처럼 수염이 길었습니다. 사이드미러 속의 검은 마차는 점점 작아지다가 완전히 사라졌습니다.

　그렇게 한동안 길을 달리자 전원지대의 변두리에 조그마한 벽돌집이 보였습니다. 방이라곤 하나밖에 없을 것 같은 낡은 건물이었습니다. 그 앞을 막 지나가려고 하는데 문이 열리면서 전통적인 옷을 입은 아미시의 어린아이들이 뛰어나왔습니다. 그곳이 이 마을의 학교였던 것입니다. 마치 시간이 200년 전으로 되돌아가버린 듯했습니다.

　그림처럼 늘어선 농장지대를 달리다 보니 어느 집에나 자동차는 보이지 않고 작고 검은 마차들이 줄지어 서 있었습니다. 어디를 둘러봐도 전봇대는 없었습니다. 대체 전기도 없이 어떻게 살고 있는지 궁금했습니다. 문득 아무 집이나 들어가 보고 싶었습니다.

"퀼트를 팝니다."

어떤 집 앞에 이런 광고판이 걸려 있는 것을 발견하곤 나도 모르게 차를 세웠습니다. 아마도 이 마을 사람들이 만든 갖가지 수공예품을 팔고 있겠죠. 문을 열고 들어가자 열두서너 살쯤 된 귀엽게 생긴 소녀 혼자 가게를 지키고 있었습니다. 방금 마차를 타고 지나갔던 아미시와는 또 다른 강렬한 인상을 받았습니다. 시대와 동떨어진 복장 때문이 아니라 다른 소녀들과 전혀 다른 분위기 탓이었습니다. 이 아이는 나와 같은 시대를 살고 있지 않구나 하는 게 확연하게 느껴졌습니다. 퀼트를 고르다가 소녀와 눈이 마주쳤습니다.

"이 마을에 간단하게 식사할 만한 곳이 없을까?"

나는 멋쩍게 웃으며 말을 건넸습니다. 사실 배가 고프지는 않았지만, 소녀의 목소리가 너무 궁금해서 생각나는 대로 말을 붙여봤던 것입니다. 하지만 곧 후회하고 말았습니다. 내가 생각해도 너무 바보 같은 질문이었습니다. 아미시 마을에서 레스토랑을 찾다니.

"여긴 아무것도 안 팔아요. 하지만 시내로 나가면 샌드위치를 파는 조그만 가게가 있어요."

소녀는 작지만 무척 맑고 부드러운 목소리로 대답했습니다. 이 소녀도 가족들과 함께 마차를 타고 시내에 나가 그 식당에서 샌드위치를 먹을까. 그런 생각이 들자 이곳이 왠지 정답게 느껴졌습니다. 나는 고맙다는 인사를 하고서 퀼트 공예품 몇 가지를 샀습니다.

아미시 마을에서 지낸 것은 불과 하루뿐입니다. 그것도 외곽지대를 빙글빙글 돌아봤을 뿐이죠. 하지만 풍경 하나하나가 마음에 깊이 남았습니다.

태양이 기울어지자 집집마다 굴뚝에서 연기를 뿜어냅니다. 그 연기가 안개처럼 농장을 휩쓸고 지나갈 때 혼자 쓸쓸히 그네를 타고 있던 소년은 내가 탄 자동차의 뒷모습을 한동안 물끄러미 바라보았습니다. 저녁노을이 희미해진 빗줄기 속에서 말을 내달리며 밭을 일구던 노부부의 실루엣이 중세의 풍경화 한 폭 같았습니다.

우리가 진보라고 믿어 의심치 않았던 인간의 역사는 발전하면 발전할수록 더 많은 그림자를 인간에게 드리웁니다. 그리고 지금 그 그림자의 존재를 깨닫기 시작한 인류는 헤아릴 수 없는 어둠 속에서 멍하니 서 있습니다. 어쩌면 아미시들이야말로 진보의 그림자를 먼저 깨달은 사람들이 아닐까요.

  소녀가 가르쳐준 식당에서 샌드위치를 먹고 나서 뉴웰링턴 거리를 어슬렁거렸습니다. 이곳은 현대문명을 살아가는 사람들과 현대문명에 등을 돌린 아미시들이 공존하는 매우 독특한 고장입니다. 하나의 길을 두 세계가 함께 사용하는 이곳에 과연 경계가 존재할 수 있는지 궁금했습니다. 소녀는 마차를 타고 시내에 나와 샌드위치를 먹을 테고, 나는 자동차를 타고 소녀가 왔던 그 길을 달려 아미시의 마을을 둘러봤습니다. 두 세계가 공존하는 하나의 길. 이곳에서 알래스카가 처한 오늘을 발견했습니다.

  소녀가 시내에서 샌드위치를 자주 사먹었으면 좋겠습니다. 그리고 뉴웰링턴 사람들도 아미시 소녀를 그리워했으면 좋겠습니다.

  해가 완전히 저물자 시가지에 따뜻한 불빛들이 하나둘씩 밝아옵니다. 감사절이 다가온 터라 이 작은 마을도 들썩이기 시작했습니다. 그때 어디선가 달그닥 달그닥거리는 말발굽 소리가 들려왔습니다. 뒤를 돌아보자 거리 맞은편에서 검은 마차 한 대가 천천히 달려옵니다. 지금도 그 마차는 내 가슴속 어딘가를 천천히 달리고 있습니다.

(1994년 11월 22일)

낡은 소파와 여기저기 산더미처럼 쌓인 책,
그리고 바닥에 누워 있는 늙은 개…….
이 책방의 가장 큰 매력은 현실과 동떨어진 낯섦이었다.
어쩌면 이런 낯섦이야말로
사람들이 그토록 애타게 찾는 정신의 위로가 아닐까.

북방을 향한
그리움

사카모토 나오유키와의 만남

가을의 매킨리 국립공원에서 아사히나 선생 부부를 만났다. 잠시 후면 선생 부부가 도착하겠다고 생각했지만, 이런 장소에서 만나게 될 줄은 몰랐다.

　도로에서 꽤 멀리 떨어진 산등성 부근을 회색 곰 두 마리가 어슬렁거리며 지나가고 있었다. 아마도 어미와 새끼인 듯싶었다. 그때 캠프 데날리라는 간이숙박업소에서 운영하는 버스가 서더니, 그 버스에서 뜻밖에도 선생 부부가 내리는 것이 아닌가.

'정말 멀리까지 왔구나.' 하는 감격스러운 표정이 역력한 두 분을 보자 왠지 모르게 나도 마음이 설렛다. 우리는 서로 손을 꼭 잡고 웃기만 했다. 사모님의 건강이 별로 좋지 않았고, 게다가 고령이었기 때문에 이 여행이 무리가 될까봐 내심 걱정스러웠지만, 두 분 모두 컨디션이 좋아 보였다.

아사히나 선생은 이미 오래전에 홋카이도 대학을 물러난 후 추운 지역의 곤충을 연구하고 있었다. 이 분은 젊은 시절 홋카이도 산악부를 창설한 주역, 우리가 처음 만난 것은 3년 전 삿포로의 설경축제 때였다. 생전에 만난 적이 없는 사카모토 나오유키라는 산악화가를 통해서였다.

그해 2월 삿포로에서 처음 사진전을 열게 된 나는 지방신문에 '사진전에 부쳐'라는 짤막한 글을 기고하게 되었다. 10대 때부터 홋카이도를 동경했지만, 정작 사진전을 열고 그 사진전에 대한 글을 쓰게 되자 좀처럼 생각이 떠오르지 않았다. 그러다가 문득 사카모토 나오유키 씨가 생각났다. 내가 이토록 북방의 자연을 그리워하게 된 것은 바로 나오유키 씨의 그림과 글 덕분이었다.

1906년 구시로에서 태어나 홋카이도 대학 농학부를 졸업하고 나서 도가치의 벌판을 개척하기로 다짐한 나오유키 씨는 그 뒤 30

년 동안 불모지와 싸움을 벌였다. 그러나 결국 패배하고 만 나오유키 씨는 괭이 대신 붓을 집어 들었다. 그 후 히다카의 산맥과 도가치의 벌판들을 꾸준히 그려왔다. 나는 선생의 생활에 감명을 받기도 했지만, 무엇보다 대지의 숨결이 고스란히 느껴지는 그림에 늘 감탄하곤 했다.

『개간기』, 『벌판에서 바라본 산』, 『설원의 발자취』……. 이런 저서들은 지금도 알래스카에 있는 우리 집 책장에 꽂혀 있다. 나오유키 씨의 삶은 한마디로 홋카이도의 자연에 대한 동경이었다. 그의 순수한 동경이 어딘지 모르게 알래스카에 대한 내 마음과 비슷하게 느껴졌고, 그래서 나오유키 씨에 대한 글을 썼던 것이다.

신문에 보도된 기사를 읽은 아사히나 선생과 나오유키 씨의 산악동료회원들이 전시장을 방문하였다. 아사히나 선생은 홋카이도 대학 산악부에서 나오유키 씨를 처음 만났다고 한다. 아사히나 선생은 나오유키 씨의 대학 후배로서 그의 여동생과 결혼하였다. 그 만남이 계기가 되어 이번에 알래스카를 여행하게 된 것이다.

사진전을 보러 온 산악동료 중에 I씨라는 50대 여성이 있었다. 우리는 나오유키 씨가 쓴 『설원의 발자취』에 대해 이야기했다. 나는 그 책의 1장인 '포로셀리의 노랫소리'가 제일 좋았다.

생활에 지친 옛 동료들과 함께 오랜만에 히다카 산맥을 오른 감회를 회상한 내용인데, 아름다운 포로셀리와 그 산허리에 숨겨진 일곱 개의 늪에 대한 묘사가 눈에 보일 듯했다. 그는 잔설이 흐드러진 꽃밭과 일곱 개 늪을 바라본 감회를 이렇게 적었다.

"예전에 이 땅에서 살았던 아이누 족은 곰을 잡기 위해 이곳에 자주 들렀을 것이다. 이 아름다운 비경과 정적이 당시의 전설을 내게 털어놓는 듯했다. 마치 꿈을 꾸기라도 하듯 정신이 몽롱해졌다."

이 땅의 원주민인 아이누 족에 대한 그의 관심은 무척 각별했다. 그 소박한 정서가 내 마음까지 움직였다. 일상적인 노스탤지어와는 어딘지 모르게 다른, 생활에서 시작된 애달픔이라고나 할까.

"나도 그때 포로셀리에 있었어요."

I씨가 재미있다면서 활짝 웃는다.

"혹시 그 책에 등장하는 '취사계장으로 활동중인 I양' 아닌가요?"

나는 여러 번 책을 읽었기 때문에 웬만한 내용은 모두 외우고 있었다. 아마도 그 책에 등장하는 인물이었기에 처음 만났는데도 예전부터 잘 알고 지낸 사이인 양 친근함이 느껴졌던 모양이다.

당시 「북쪽 산맥」이라는 잡지가 있었다. 주로 홋카이도의 자연경

관을 소개하는 내용이었는데, 나는 곧 그 잡지의 열렬한 애독자가 되었다. 도쿄에서 이 잡지를 취급하는 곳은 '메이케이도'라는 책방뿐이었다. 지금 생각하면 그때부터 북쪽을 동경했던 것 같다.

　사진전이 끝나가던 어느 날, 뜻밖에도 사카모토 나오유키 씨의 부인인 쓰루 씨가 전시장을 방문했다. 70대 후반으로 보였는데, 고상한 기품과 청초한 모습이 무척 인상 깊었다. 남편과 함께 30년 동안 황무지를 개간하며 살아왔기 때문인지 흙냄음이 물씬 묻어나는 분이었다.

　며칠 후 데이네에 사는 쓰루 씨가 나를 초청했다. 지금도 정성껏 차려진 아침식사가 눈에 선하다. 사진전을 통해 얻은 가장 값진 추억이었다. 봉오리가 달려 있는 머위의 새순으로 끓인 맑은 국과 정갈하게 담겨진 따뜻한 밥, 나는 그렇게 맛있는 아침식사를 먹어본 적이 없다. 그래서 염치 불구하고 몇 그릇이나 깨끗이 비웠다. 식사 후 쓰루 씨는 오래된 책 한 권을 보여줬는데, 그 책에는 나오유키 씨와 사카모토 료마(에도 막부 말기에 활동한 일본의 유명한 무사 겸 정치가)가 같은 집안임이 기록되어 있었다.

　고단했던 개척생활 초기를 기록한 여러 권의 앨범도 보았다. '개간기'라는 제목으로 시작된 앨범이 끝부분에 이르러 '회한기'로

바뀐 것이 우습기도 했지만, 마음 한구석이 뭉클해졌다. 30여 년 동안 대지에서 땀을 흘린 한 인간의 노고가 그대로 묻어났다. 황무지 개간에 실패한 그의 심정이 어땠는지 알 것 같았다. 10대 무렵에는 그저 그의 삶을 동경하는 데 그쳤으나, 어느덧 인생이 무엇인지 알게 된 지금, 그의 집념과 고통을 이해하게 되었다. 황무지 개간에 실패한 나오유키 씨는 결국 붓을 들었고, 괭이로 이루지 못한 자연과의 동화를 붓을 통해 이루었다. 그는 무심한 세월을 긍정했고, 인생의 승리자가 되었다.

내가 즐겨 읽었던 『설원의 발자취』 중에서도 가장 기억에 남는 대목은 히로오 우기치라는 아이누 노인에 대한 이야기였다. 나오유키 씨의 묘사에 의하면 우기치는 천성적인 자연아였다고 한다. 나오유키 씨는 힘겨운 개척생활 중에도 간간이 우기치 노인이 곰을 사냥했던 미나미히다카의 산들을 혼자 걸어 다녔다. 당시 그 마을엔 인구가 적었기 때문에 누가 무엇을 하는지 모두 알 수 있었다. 특히 나오유키 씨 같은 외지인은 사람들의 관심을 한몸에 받았고, 그의 독특한 행동도 금세 알려졌다. 그리고 우기치 노인도 나오유키 씨에 대한 소문을 듣게 되었다. 두 사람은 마을 대장

간에서 처음 만났는데, 먼저 알아본 쪽은 나오유키 씨라고 한다.

"내 이름은 사카모토라고 합니다. 영감님에 대한 소문은 많이 들었습니다. 나도 산이라면 꽤 많이 돌아다녔는데, 지금도 곰은 무섭기만 해요."

"자네 이름이 사카모토였군. 소문은 꽤 들었지. 언젠가 한번 만날 줄 알았어. 당신도 산을 돌아다니고, 나도 산을 돌아다니는데 어떤가, 사카모토. 한잔 하러 갈까?"

"그거 좋죠. 듣고 싶은 얘기가 많았어요. 오늘 이렇게 만났는데 그냥 지나칠 순 없죠."

우기치 노인은 관청에서 제공한 땅을 사기당한 후 만년에는 가난하게 살았다. 그래도 성격은 여전히 활발했고, 어떤 일이 있어도 비굴하게 행동하는 법이 없었다. 나오유키 씨는 우기치 노인의 이런 품성이 산을 닮았다고 생각했다.

그리고 몇 년 후 우기치 노인은 자신이 가장 아끼는 무라다 총을 어깨에 메고 나오유키 씨의 집을 방문한다. 둘은 그날 밤 실컷 술을 마셨다. 우기치 노인은 젊은 시절 이야기를 들려줬고, 아이들은 곰 사냥에 대해 물어보았다. 오랜만에 기분이 좋아진 노인은 아이누의 전통적인 자장가를 불렀는데, 나오유키 씨는 애수가 흐르는 멜로디에 큰 감명을 받았다.

"할아버지, 곰이 덤비면 어떻게 해요?"

"그땐 바짝 엎드리고 곰이 올 때까지 기다려야 해. 곰은 근처에 내가 있는 걸 모르고 가까이 온다구. 고개를 숙이고 천천히 걸어 온단 말야. 그때 크게 기침을 해. 그러면 깜짝 놀란 곰이 큰 소리를 지르며 두 발로 일어서. 바로 그때 방아쇠를 당기지."

아이들은 한밤중까지 우기치 노인을 빙 둘러싼 채 그의 입만 바라봤다고 한다.

그러던 어느 날, 평소 잘 알고 지내던 경찰관 한 명이 나오유키 씨의 집을 방문했을 때 우기치 노인의 나이에 대한 이야기가 나왔다.

"우기치 할아버지는 호적상 1871년 1월 생이에요. 올해 86세지요. 그런데 사람들 얘기론 그보다 훨씬 나이가 많을 거래요."

"그건 또 무슨 소리죠?"

"우기치 할아버지가 기억하는 일들이 나이랑 맞지가 않아요. 아주 옛날에 도가치에 사는 아이누와 히다카에 사는 아이누가 강 안쪽에서 전쟁을 한 적이 있거든요. 그때 우기치 할아버지가 추장이었대요. 열 살이나, 열다섯 살에 추장이 될 수는 없었을 테죠. 아무리 젊더라도 스무 살은 지나야 추장을 할 수 있었을 거 아니에요. 게다가 그 싸움이 벌어진 장소는 우기치 할아버지 말고 아는 사람이 없어요."

그 후 나오유키 씨는 삿포로에서 활동 중인 아이누 민족 연구가 S씨와 함께 우기치 노인을 방문했다. 나오유키 씨가 S씨를 초청한 이유는 우기치 노인의 실제 나이를 추정해보기 위해서였다.

메이지 초기에 사할린 및 쿠릴 열도를 러시아와 교환한 적이 있었다. 당시 사할린에 거주하던 아이누 족들이 홋카이도로 송환되었는데, 우기치 노인이 부족을 대표해 삿포로까지 마중을 나갔다고 한다. 우기치 노인은 송환된 아이누 족의 복장이 자신들과 어떻게 달랐는지 정확히 기억해냈다. 이 사건은 1875년에 있었던 일이다. 호적상 노인의 생년월일이 1871년인 것을 감안했을 때 도저히 불가능한 일이다. 다시 말해 우기치 노인은 1871년생이 아닌, 그보다 20년 전에 태어났던 것이다. 그렇다면 우기치 노인의 올해 나이는 100세가 훌쩍 넘는다. 100세가 넘은 노인이 총으로 곰을 잡고, 한겨울에도 보살펴주는 사람 없이 산 속에서 살아왔다는 이야기가 되는 것이다.

바로 그해 크리스마스 날 저녁, 우기치 노인은 세상을 떠났다.

"관을 실은 썰매가 태평양이 보이는 벌판 묘지로 이동했다. 나는 설원 저편으로 멀어져가는 우기치 노인의 외로운 넋을 시야에서 사라질 때까지 전송했다. 아무런 짐도 남겨져 있지 않은 텅 빈 오두막이 주인을 잃은 쓸쓸함에 조용히 울고 있었다. 한쪽 벽에 우기치 노인이 애용했던 낡은 장총이 걸려 있었다. 그것을 보는 순간, 가슴이 찢어지는 듯 고통이 밀려왔다. 결국 더 이상 참지 못하고 눈 덮인 벌판으로 말을 달렸다. 노인이 생전에 자주 찾았던 누프카베츠 상류를 지나 오모샤누프리 산 정상까지 한달음에 도착했다. 저녁노을로 빛나는 밤하늘은 노인이 가장 사랑했던 풍경이다. 저 멀리 보이는 누프카(벌판)만이 내 심정을 이해하는 것 같았다."

나는 10대 때 이 글을 읽었다. 그리고 순수한 북쪽 벌판을 생각하면서 언젠가는 그곳에서 살 수 있기를 소망했다.

하지만 지금 나는 나오유키 씨의 숨결이 묻혀 있는 홋카이도 대신 알래스카에서 살고 있다. 간혹 이런 생각을 하곤 한다. 지난날 나오유키 씨가 홋카이도에 흘린 땀방울들이 나의 알래스카가 된 것인지도 모른다고. 나 역시 그와 마찬가지로 이곳에서 우기치 노인을 만나곤 한다. 이 땅을 지키는 에스키모와 아사바스칸 인디언들이 바로 내 삶의 우기치 노인이다.

삿포로에서 사진전이 있던 이듬해, 홋카이도에서 알래스카까지 편지 한 통이 날아왔다. 홋카이도 교외에 만들어진 사카모토 나오유키 기념관 낙성식을 알리는 편지였다. 생전에 만난 적도 없고, 한 명의 독자에 지나지 않았는데도 부인인 쓰루 씨가 나를 배려해 준 것이다. 알래스카에서 갈 수는 없었지만, 부인의 마음 씀씀이가 너무나 따스했다.

황무지를 개간하면서 그렸던 나오유키 씨의 그림들도 전시되는 모양이었다. 기념관을 세운 주인공은 나오유키 씨의 절친한 친구였다. 그는 홋카이도에서 제일 유명한 양과자 가게인 육화정六花亭의 주인으로, 지금도 나오유키 씨의 꽃 그림을 포장지로 사용하고 있다. 그는 아동문학잡지인 「사일로」의 발행인이기도 했는데, 그 표지에도 역시 언제나 나오유키 씨의 그림이 등장했다.

작년 2월에야 기념관을 찾았다. 교외의 떡갈나무 숲에 둘러싸인 건물이 주위 풍경과 어우러져 너무나 아름다웠다.

길가에 쌓인 눈을 밟으며 마른 잎이 달려 있는 나무들을 바라보고 있자니 생전에 나오유키 씨가 글에서 자주 언급했던 떡갈나무가 생각났다. 그가 홋카이도를 처음 찾았을 때 황무지마다 떡갈나무들이 풍성했다고 한다. 떡갈나무는 토지가 나쁜 곳에서 주로 자라기 때문에 결코 좋은 현상은 아니었다. 하지만 나오유키 씨는 그 떡갈나무들이 자신을 반기는 것 같았다고 한다.

"처음 황무지에서 겨울을 맞았을 때 맨 먼저 눈에 띈 게 떡갈나무였다. 한겨울에도 잎이 달려 있는 떡갈나무가 그렇게 신기할 수가 없었다. 단조롭고 황량한 겨울 벌판과 너무나 잘 어울렸다. 희디흰 겨울의 황무지에 우뚝 서 있는 떡갈나무는 내게 선생과도 같은 존재였다. 강인함과 생명력 없이는 이곳에서 살아남을 수 없다는 가르침이었다."

시즌이 지났기 때문인지 기념관을 찾는 사람은 거의 없었다. 주위도 흔적히기만 했다. 실내로 들어가자 겨울 햇빛이 가득했다. 오랜만에 나오유키 씨의 그림을 보게 되어 무척 기뻤다. 나무로 만든 바닥이 기분 좋게 삐걱거리는 감촉을 느끼며, 나는 그림에 빠져들었다.

만추의 히다카 연봉, 황량한 겨울 벌판, 선 채로 말라죽은 떡갈나무……. 그중 몇 점은 책에서 이미 봤던 그림들이었다. 문득 작은 스케치북이 눈길을 끌었다. 제목에는 작은 글씨로 '히로오 우기치 상像'이라고 적혀 있었다.

아사히나 선생 부부는 매킨리 산 기슭의 산장에서 일주일을 지낸 다음 페어뱅크스에 있는 우리 집을 방문하였다. 짧은 여행 중에 단풍과 새해 첫눈, 그리고 오로라까지 볼 수 있어 얻은 게 많았다고 했다.

"오빠가 살아 계셨다면 틀림없이 알래스카를 찾았을 거예요."

부인의 마지막 작별인사가 그 후로도 오랫동안 내 마음속에 남았다.

세월
저편의
친구

6월에 도쿄에서 사진전을 열었다. 일 년 중 대부분을 알래스카에서 보내기 때문에 사진전은 여러 사람들을 만날 수 있는 흔치 않은 기회이다. 25년 만에 만난 소꿉친구는 초밥집 주인 아주머니가 되어 있었다. 지금 생각해보면 그 무렵부터 친구는 매사에 긍정적이고 여느 남자아이보다 씩씩했다. 그리고 또 오랜만에 T의 어머니를 만났다.

어느새 18년이 흘렀다. 우리는 그때 스물한 살이었다. 다니가와 다케에서 여름 합숙을 마치고 돌아오던 기차에 앉아 신문을 보고 있었다. 그러다가 낯익은 얼굴이 신문에 실려 있는 게 눈에 띄었다. 중학시절부터 절친했던 T였다. 순간 좋지 않은 예감이 머릿속을 훑고 지나갔다. T에게 카메라와 피켈(곡괭이 모양의 등산용 지팡이)을 빌려준 것이 불과 열흘 전의 일이었다.

"조심해서 카메라 잘 써."

헤어질 때 농담 삼아 했던 말도 떠올랐다. 신문은 T를 포함한 시바 대학 일행 3명이 조난되었다고 보도했다. 그날 밤 우에노를 향해 가는 기차는 더디기만 했다.

이튿날 아침, 일찌감치 친구들과 함께 신슈로 떠났다. 그곳 경찰서에서 대기하는 동안 나는 여러 사람들에게 전화를 걸어 T의 소식을 알렸다. 그때 경찰서 창문은 모두 열려 있었던 것 같다. 눈에 스며드는 여름날 초목이 넘실거리는 바다처럼 보였다. 이토록 큰일이 벌어졌는데도 한쪽 눈은 여전히 창 너머 풍경에 넋을 잃고 있었다. 그리고 오랜 세월이 지난 후에도 언젠가 지금 보고 있는 창 너머 풍경을 다시 한 번 떠올릴 때가 있을 거라고 스스로에게 말을 건넸다.

조난 현장에서 T의 어머니를 만났다. 어렸을 때부터 여러 가지로 보살핌을 받았던 나에게 T의 어머니는 매우 각별한 분이다. 형체를 알아볼 수 없게 변한 T를 바라보면서 T의 어머니는 눈물조차 흘리지 못했다. 그렇게 헤어질 때 T의 어머니는 내 손을 잡고 낮은 목소리로 말씀하셨다.

"저 아이 몫까지 대신 살아줘."

나는 너무나 가슴이 아파 하루 종일 눈물을 흘렸다. T의 육신은 피켈과 함께 무참히 산산조각 났지만, 신기하게도 카메라는 멀쩡했다. 그래서 더 눈물이 났다.

지금 생각하면 그 사건은 내 청춘에 새로운 종지부를 찍었다. 나는 T의 죽음을 바라보면서 나 자신에게 한 가지 질문을 던졌다. 그 해답을 찾지 못한다면 내 삶은 그렇게 묻혀버릴 것만 같았다. T가 죽은 지 일 년이 되던 날, 나는 그 해답을 찾았다. 대단한 것은 아니었다.

"하고 싶은 일을 하며 살아야 한다."

이것이 전부였다. T의 죽음은 내가 살아 있다는 사실을 실감케 해주었다. 세월이 지난 후 조난현장에서 T의 어머니가 했던 말씀이 바로 내 삶의 정답이었음을 깨달았다.

열아홉 살 때 우연히 방문했던 알래스카가 T의 죽음을 계기로 내 삶에 더욱 가까워졌다. 어쨌든 다시 한 번 알래스카로 되돌아가지 않으면 안 되겠다는 생각이 들었다. 각박한 일본 생활보다는 광대한 알래스카의 자연 속에서 살고 싶었다.

 대학 캠퍼스로 돌아왔지만 그곳엔 이미 내가 속할 만한 세계가 없었다. 테니스 라켓을 쥐고 이야기하는 학생들, 입간판 앞에서 선동적인 구호를 외치는 학생들, 너무나 익숙했던 그 풍경이 낯설기만 했다. 장래에 대해 아무것도 확신할 수는 없었지만 지금 이곳을 떠나지 못하면 결국 아무것도 얻을 수 없으리라는 생각이 머릿속에서 떠나지 않았다.

 사진작업을 하게 되면서 다시 알래스카로 건너갔다. 어느새 13년이 지난 지금은 알래스카가 오히려 더 익숙하다. 돌이켜 생각해 보면 T의 죽음이 나를 여기까지 인도했던 것 같다.

 일본을 방문할 때마다 T의 어머니를 찾았다. 그의 방은 예전 모습 그대로였다. T의 방에 들어서는 순간, 어쩐지 먼 옛날로 되돌아간 기분이 들었다. 해가 바뀔수록 연로해지는 T의 어머니는 여전히 나를 중학생 시절의 소년으로 착각하곤 했다. 그러나 T에 대한 추억은 지난 십수 년 동안 단 한 번도 꺼낸 적이 없다. 그 이유가 무척 궁금했지만 내 입으로 T에 대해 이야기할 수는 없는 일이었다.

그날 전시회를 방문한 T의 어머니는 전보다 젊어 보였다. 전시장 한편에 마련해놓은 의자에 앉아 오랜만에 느긋하게 이야기를 주고받았다. 갑자기 T의 어머니가 아들 얘기를 꺼냈다. 쌓이고 쌓인 T에 대한 그리움이 표정과 목소리에서 묻어났다. 넓은 전시장 안에서 오직 우리 두 사람만이 T에 대한 추억이라는 조그마한 공간을 차지한 것만 같아 행복했다.

"네가 알래스카로 건너간 다음부터 그 아이도 너를 따라 알래스카로 갔다고 생각했단다."

T가 죽지 않았더라도 나는 아마 알래스카로 향했을 것이다. 그러나 이렇게 강한 집념으로 알래스카를 사랑할 수는 없었을 것이다. 나뿐만이 아니다. T의 죽음은 그를 아는 몇 사람의 인생을 엄청나게 변화시켰다. 소중한 사람의 죽음은 남겨진 자에게 어떤 식으로든 영향을 미치게 마련이다.

문득 지금까지 한 번도 T 어머니의 눈물을 본 적이 없다는 생각이 떠올랐다. 왠지 모르게 그 모습이 더욱 슬퍼 보였다. 나 같은 사람이 헤아릴 수 없는 어머니의 깊은 슬픔이 느껴져 가슴이 아팠다.

"얼마 전부터 나 탁구치기 시작했어."

이미 칠순이 가까운 T의 어머니는 소녀처럼 해맑게 웃으며 말했다. 언젠가 T의 어머니가 보여줬던 사진이 생각났다. 여학생 시절 등산복을 입고 있던 사진이었다. 탁구를 시작했다는 T의 어머니와 그 사진이 겹쳐졌다.

오랜 세월 누워 지내던 T의 할머니가 작년에 돌아가셨단다. 아들을 잃은 슬픔과 시어머니 간병으로 T의 어머니는 너무 오랫동안 힘겹게 지냈다. 그녀가 무거운 짐에서 풀려난 듯 가벼워 보였던 것은 그 때문일까.

"아주머니, 언제 저랑 탁구시합 한번 하실래요?"

T의 어머니는 실로 오랜만에 활짝 웃으며 고개를 끄덕였다.

나는 언젠가 정말 기회를 봐서 T의 어머니와 탁구를 쳐야겠다고 생각했다.

헌책방
옵서버 트리에서
보내는
즐거운 휴식

 프랭클린 고개를 넘어 2번가에서 좌회전하면 '옵서버 트리'라는 헌책방이 나온다.
 이곳은 정말 고개가 많은 동네다. 우뚝 솟아 있는 해안산맥이 바로 뒤에 있고, 눈앞에는 피오르 해안이 펼쳐져 있다. 골드러시가 한창이던 19세기 말, 이곳에서 가까운 골짜기에서 금이 발견되었다. 그 후 수많은 사람들이 빙산의 가파른 경사면을 기어올라 이 시가지를 만들었다. 지금도 외부로 통하는 길은 없고, 비행기

와 배가 유일한 교통수단이다. 이렇게 문명으로부터 동떨어진 조그마한 시가지가 알래스카의 주도主都였다.

  그러나 미국 전체를 뒤져봐도 이처럼 아름다운 도시는 없다. 하늘에서 내려다보면 세상을 뒤덮을 것 같은 산악지대와 장엄한 빙원이 끝없이 이어지고, 그 속에서 빙하가 반짝인다. 그리고 낮은 산들과 화산 기슭이 완만하게 경사진 들판마다 원시림이 빼곡하다. 바다에서 습기를 타고 올라온 대기가 해안산맥과 부딪혀 연간 4,000밀리미터가 넘는 비를 뿌려대는데, 이런 강수량이야말로 부근의 숲과 빙하를 유지시키는 힘이다. 그 습기 찬 대기를 실어 오는 해류가 멀리 일본에서 시작되는 것은 우연일까. 알류샨 열도(북태평양에 위치한 화산섬들)를 거쳐 북태평양을 지나 활 모양으로 휘어져 남알래스카까지 도착하는 쿠로시오 해류(일본열도를 따라 태평양으로 흐르는 난류)가 그 주인공이다.

  험악한 산들과 광대한 빙하지대, 그리고 깊은 숲들에 둘러싸인 이 세계에 일찍이 토템 폴(토템을 새긴 기둥)의 문화를 축조한 틀링깃 족, 하이다 족 인디언은 대체 어디서 온 것일까. 언뜻 보면 북극해 연안의 에스키모와 내륙부의 아사바스칸 인디언과도 다른 이들은 알래스카 원주민 중에서도 특이한 위치를 차지한다. 그들의 존재는 한마디로 수수께끼 같다.

  헌책방 옵서버 트리의 문은 늘 그렇듯이 열려 있다. 그리고 여느 때와 마찬가지로 늙은 개 한 마리가 입구에 엎드려 있다. 이젠 귀가 어두워져 손님이 들어와도 비켜서지 않고 가끔 책방 앞 길거리를 어슬렁대다 자동차를 만나면 아무리 경적을 울려대도 아랑곳하지 않고 도로를 건너다녔다.

  "그래서 내가 항상 지켜보고 있어야 된다니까."

  내가 책방에 갈 때마다 D할머니는 늙은 개를 바라보며 투덜거리곤 했다. D할머니는 헌책방의 주인이다.

  "그동안 안녕하셨어요?"

  "아이고 오랜만이네. 지난번에 부탁했던 토템 폴에 대한 책 말이야, 그거 아직 못 찾았는데 어쩌지. 여간해선 구하기 힘든 책이라서……."

  "괜찮아요. 그냥 지나가다 잠깐 들렀어요."

  주노에 올 때마다 나는 프랭클린 언덕의 이 헌책방에 들렀다. 나도 모르게 이 책방을 찾는 까닭은 어린시절부터 헌책방을 찾아다닌 습관이 아직 몸에 남아 있기 때문인가 보다. 학창시절부터 간다의 헌책방 거리를 놀이터처럼 들락거렸는데, 외가 역시 와세

다의 헌책방 거리 뒤편이었다. 알래스카에 정착한 다음에도 헌책방들을 둘러보며 이곳에 관한 옛 기록들을 찾아다니는 것이 어느새 취미가 되었다.

100년 전에 씌어진 에스키모 마을의 여행기, 브룩스 산맥 탐험기, 골드러시 시절이 고스란히 담긴 빛바랜 사진집, 그리고 '알래스카'라는 문자가 제목에 새겨진 많은 문헌들. 이런 책들을 읽다 보면 지난날 이 땅에서 살았던 사람들의 목소리가 들려오는 듯한 감회에 젖곤 한다.

프랭클린 언덕의 헌책방을 찾는 또 한 가지 이유는 주인인 D할머니 때문이기도 하다. 헌책방에서 일하는 것을 할머니처럼 즐거워할 사람이 또 있을까 싶게 할머니는 열심이었다.

"할머니는 헌책방에서 일하는 게 정말 즐거우신 것 같아요."

"그걸 말이라고 하나. 알래스카 역사를 좋아하는 사람에게 헌책방처럼 매력적인 직업은 없어. 나는 알래스카 역사 중에서도 미국이 러시아에게 알래스카를 사들인 1867년 이전이 가장 좋아."

알래스카 역사에 관한 D할머니의 지식은 근방에서 모르는 사람이 없을 만큼 유명했다. 마치 백과사전을 들춰보듯 연호와 인명을 줄줄 외울 정도였다. 언젠가 어떻게 그토록 알래스카 역사에 박식

할 수 있느냐고 물어보았더니, D할머니는 평소와 달리 약간 부끄럼을 타면서 대답했다.

"세상에서 중요하다고 하는 일은 거의 다 잊어버렸는데, 알래스카 역사는 필요 없는 것까지 잊어버릴 수가 없어."

D할머니는 이야기를 정말 재미있게 했다. 무슨 야담을 듣는 듯 착각이 들 정도였는데, 한번 이야기가 시작되면 끝이 없었다. 그래서 급한 볼일이 있을 때는 아예 옵서버 트리를 찾지 않았다. 할머니의 이야기를 듣다 보면 옛날 미국의 코미디 영화를 보는 듯했다. 그래서 늘 할머니와 웃고 떠들다가 무슨 책을 사러 왔는지 잊어버리곤 했다.

헌책방 옵서버 트리에서 책을 살 때마다 나는 10퍼센트씩 할인을 받았다. 할머니에겐 네 명의 딸이 있는데, 손님의 직업이 딸들과 일치하면 책값에서 10퍼센트 할인해주는 룰이 있었다. 마침 신문사에서 일하는 큰딸 덕분에 나는 옵서버 트리의 할인대상이 되었다. 할머니는 신문에 사진이 실리는 사람이라며 굳이 나를 저널리스트에 포함시켰던 것이다. 참고로 할인을 받을 수 있는 나머지 직업은 신출내기 변호사와 배우, 그리고 댄서였다.

"재미있는 지도가 있는데 한번 보겠어?"

할머니가 가장 자랑하는 분야는 바로 지도였다. 그것도 세계가 오늘날과 같은 형태로 밝혀지기 전에 제작된 고지도였다. 옵서버 트리에는 이렇게 헌책뿐 아니라 수많은 옛 지도들도 한데 섞여 있었다.

"지도가 역사보다 더 재미있어. 지도는 땅과 바다를 그린 것이지만, 결국 인간에 대한 관심이 주제야. 그 땅에 누가 살고 있는지가 중요하거든. 그래서 지도를 볼 때마다 우리가 어떻게 세계를 이해하게 됐는지 알 수 있지."

할머니는 책장의 한쪽 구석에서 지도 한 장을 조심스레 끄집어냈다. 그리고 테이블 위에 펼쳐놓고선 투명한 플라스틱 시트를 덮었다. 17세기쯤 완성되었다는 지도였는데, 일본과 알래스카가 포함된 북태평양 지도였다. 물론 정확할 리가 없었고, 지도라기보다 그림책처럼 막연하게 대륙과 섬의 위치만 표시되어 있었다. 자세히 보니 자잘한 프랑스어가 적혀 있었다.

"삼백 년 전쯤 일본인 중에서 북태평양을 항해한 사람이 누구지? 지도를 만드는 기술은 어느 정도였을까?"

"잘 모르겠지만, 아마 없었을 거예요. 그리고 지도를 작성할 만한 기술이 당시엔 없었어요."

할머니는 내 대답을 듣곤 빙그레 웃었다. 마치 그럴 줄 알았다는 표정이었다. 그렇게 소녀처럼 들뜬 목소리로 할머니는 지도에 대해 설명하기 시작했다.

"이건 말이지 17세기에 일본을 방문했던 유럽인이 일본인에게 보여줬던 지도야. 원본은 아니고 복사본이지. 일본인에게 그 지도를 건네준 다음 유럽에 와서 다시 만든 거야. 말하자면 이 원본은 지금 일본에 있어. 삼백 년 전부터 있었겠지. 내 생각엔 유럽인 혼자 만든 게 아니라 아마 일본인들과 함께 만들었을 것 같아."

지도에 대한 할머니의 이야기는 언제나 이런 식으로 계속되었다. 그때마다 나는 옛 지도의 매력에 흠뻑 빠져들었다. 옵서버 트리의 가장 큰 매력은 수많은 책의 종류보다 D할머니의 박식함이라는 생각이 들었다.

책꽂이에 꽂힌 헌책들을 바라보면서 한가롭게 시간을 보내는 것이 내겐 가장 즐거운 휴식이었다. 별다른 스케줄이 없는 날은 하루 종일 할머니의 이야기를 듣곤 했는데, 바로 오늘이 그런 날이었다.

문득 그동안 궁금했던 것을 물어봐야겠다고 생각했다. 그러나 할머니도 이번만큼은 내 궁금증을 해결해줄 수 없으리라는 생각이

들었다. 그것은 예전에 어떤 친구에게서 들은 이야기였는데, 그 후 내 삶의 기억 한편에 숨어 있다가 문득 세상의 각박함에 지쳤을 때 나를 위로해주던 나만의 로망이었다.

바로 유령선에 대한 전설이었다. 18~19세기까지 고래잡이 포경선을 비롯한 세계 각국의 배들이 베링 해에서 북극해를 횡단하곤 했다. 그 중에 조난당한 배는 정확한 수치가 남아 있지 않지만, 아마도 엄청나게 많았을 것이다. 빙하와 부딪혀 난파한 배도 적지 않았을 것이다. 겨울이 되면 커다란 빙하들이 서로 부딪쳐 쪼개지는데, 이렇게 쪼개진 빙하들이 해류를 따라 알래스카와 북극해를 제멋대로 떠다닌다. 이런 빙하들은 포경선 같은 배들에겐 일종의 수뢰나 다름없다. 그렇게 빙산과 충돌하거나, 빙하에 파묻힌 18~19세기의 배들은 어쩌면 지금도 북극해류를 따라 끝없는 항해를 계속하고 있을지도 모른다.

이처럼 동화에나 등장할 것 같은 유령선들이 10년, 또는 20년에 한 번씩 바닷가에 위치한 에스키모의 마을에 나타나곤 한다는 이야기를 들은 적이 있다. 마을 사람들은 바닷가에 모여 그 저주받은 배를 지켜본다. 부모들은 아이들에게 "어떤 일이 있어도 저 배에 가까이 다가가서는 안 된다."라고 말한다.

이것은 내 친구가 에스키모 노인에게 직접 들은 이야기였다. 처음에는 꾸며낸 이야기라고 생각했는데, 어린 시절 읽었던 유령선에 대한 동화가 생각나면서 실제로 가능할 수도 있지 않을까 싶었다. 그리고 오늘 갑자기 할머니에게 묻고 싶어졌던 것이다.

"아, 그 배라면 이곳에선 아주 유명하지. 베이키모라는 배였어. 19세기 포경선이었지. 칠십 년 전쯤 그 배가 노무 앞바다에 나타난 적이 있었는데, 그때 마을 사람이 사진을 찍었어. 앨범 어딘가에 그 사진이 있을 거야. 내가 좀 찾아볼게."

책방 안쪽으로 들어간 할머니는 잠시 후 앨범 뭉치를 들고 나타났다.

"이건 그 무렵 노무 마을에 살던 백인이 찍은 사진이야. 대부분이 에스키모 사람들을 촬영한 건데, 베이키모를 찍은 사진도 한 장 섞여 있었을걸. 명함만한 크기밖에 안 되는 사진이었어. 마을 앞바다에 커다란 빙산이 나타난 적이 있었는데 빙산 뒤편에 그 배가 끼어 있었다는 거야."

뜻밖에도 할머니를 통해 친구의 이야기가 사실로 확인되자 마음이 두근거렸다. 나는 할머니와 함께 옛날 앨범들을 살펴보기 시작했다. 굳이 유령선이 찍힌 사진이 아니더라도 70~80년 전의 알래스카 사진은 매우 귀중한 가치를 지닌다. 그것도 에스키모 세계에서 살아온 사람의 사진이라면 더 귀중하다. 할머니는 오래 전부터 이런 사진들을 수집하고 있었다.

설레는 마음으로 페이지를 넘기다가 문득 사진 하나가 눈에 들어왔다. 소형 비행기 옆에 서 있는 부부의 사진이었다. 왠지 남편의 얼굴이 낯익었다.

"린드버그라네. 대서양 횡단으로 유명해진 바로 그 사람 말이야. 아내와 둘이서 알래스카까지 날아왔지. 그때 찍은 사진이야."

린드버그가 알래스카를 방문한 적이 있다니, 몰랐던 사실이다. 게다가 이렇게 헌책방의 낡은 앨범 속에 귀중한 자료가 잠들어 있다는 것은 상상도 못했던 일이다.

하지만 정작 유령선 사진은 찾기 힘들었다. 우리는 앨범을 반씩 나누어 각자 찾아보기로 했다.

"앞바다에 배가 떠 있는 것만 찍은 사진이기 때문에 여간해선 찾기 힘들어. 천천히 보지 않으면 빠뜨리기 쉽거든. 배는 빙산에 반쯤 박혀 있었어."

손님이 찾아올 때마다 작업이 잠시 중단되었다. 앨범 몇 권을 살펴봤더니 금세 한 시간이 훌쩍 지나갔다. 할머니가 다른 앨범들을 가지고 나오는 동안, 나는 긴 소파에 앉아 뒷목을 쓰다듬었다.

옵서버 트리는 책장 한가운데에 소파가 있었다. 마치 책의 바다 위에 떠 있는 무인도 같았다. 그 소파에 길게 누워 책장만 바라봐도 지적인 욕구가 해갈되는 듯했다. 다른 손님들도 나처럼 이 소파를 좋아했다. 굳이 책을 사지 않고 소파에 앉아 있는 것만으로도 현실의 때가 벗겨지는 느낌이었다. 할머니도 책을 찾는 손님보다는 이렇게 소파에 앉아 이야기를 건네는 손님을 더 좋아했다.

낡은 소파와 여기저기 산더미처럼 쌓인 책, 그리고 바닥에 누워 있는 늙은 개……. 이 책방의 가장 큰 매력은 현실과 동떨어진 낯섦이었다. 어쩌면 이런 낯섦이야말로 사람들이 그토록 애타게 찾는 정신의 위로가 아닐까.

나도 모르게 졸음이 밀려왔다. 베이키모에 대한 것들을 생각하면서 멀거니 천장을 바라봤다. 반쯤 빙산에 파묻힌 낡은 배 한 척, 인기척이 오래전에 사라진 저주받은 항해, 그리고 이들을 끊임없이 붙잡고 놓아주지 않는 북극의 해류……. 꿈인지 뭔지 알 수 없는 풍경이 선명하게 떠올랐다.

언젠가 일본에서 읽었던 책이 생각났다. 1839년 북태평양을 항해하던 미국의 포경선이 지금껏 한 번도 본 적이 없는 낯선 배와 맞닥뜨렸다. 선원들은 그 배가 유령선이라고 생각했다. 용감한 몇몇 선원들이 정체를 확인하기 위해 낯선 배의 갑판에 올라섰다. 그 배엔 숨이 곧 끊어질 것 같은 뱃사람 일곱 명이 갑판에 쓰러져 있었다. 쿠로시오 해류에 떠밀려 북태평양 한가운데를 방황하던 에도 시대의 범선이었다.

이 범선의 이름은 초자마루. 초자마루호가 도미야마 항구를 출항한 것은 1838년 4월 29일이었다. 오사카까지 출하용 쌀을 운반하는 것이 배의 임무였다. 에도 바쿠후 시절에는 각 지역의 물자들을 원활히 운반하기 위해 배를 이용했다. 초자마루도 그렇게 운영되던 운반선이었다. 초자마루호에는 선장인 헤이시로(50세)와 아홉 명의 뱃사람이 타고 있었다.

하치사에몬(50세), 하치사에몬(동명이인, 47세), 센조몬(42세), 덴사부로(40세), 로쿠사부로(31세), 지로기치(26세), 고사부로(25세), 시치사에몬(23세), 긴조(18세), 이렇게 아홉 명이었다.

5월의 마지막 날 무사히 오사카에 도착한 초자마루호는 다음날 목화와 설탕을 싣고 에치고로 떠난다. 8월 중순 무렵, 에쇼의 마쓰마에에 도착했고, 다음 항해까지 남은 한 달을 그곳에서 보내기로 했다. 그때 키잡이인 하치사에몬이 배에서 내리고 싶다고 말했다.

이 배의 예감이 좋지 않다는 것이었다. 결국 하치사에몬 대신 동해에 익숙한 긴로쿠라는 사내가 새로운 키잡이로 채용되었다.

  9월 마지막 날, 하코다데에서 많은 양의 다시마를 실은 초자마루는 센다이를 향해 출발한다. 도중에 배를 수리하려고 2주일쯤 다노하마에 머물렀는데, 어떤 무녀가 찾아와 11월 23일이나 24일에 무서운 재난이 닥칠지도 모르니 조심하라고 말한다. 하지만 불교신자였던 뱃사람들은 무녀의 예언을 믿지 않았다.

  센다이에 도착한 초자마루호는 비바람이 몰아치는 거친 날씨 탓에 다시 2주일쯤 항구에 묶여 있었다. 그리고 마침내 11월 23일, 오전 8시쯤 항구를 떠났다. 만의 입구를 벗어난 시각은 10시경이었다. 그때 적풍赤風이 불기 시작했다 배는 강풍에 밀려 바다 한가운데로 나아갔다. 적풍이란 바람이 어찌나 심한지 바다 밑바닥의 뻘들이 수면까지 올라와 벌겋게 보인다고 해서 붙여진 이름이었다. 이 적풍은 두 번 다시 배를 항구로 되돌려주지 않는다는 불길한 바람이었다. 뱃사람들이 열심히 돛을 일으켜 세우고 있을 때 갑자기 돛을 지탱하던 로프가 끊어졌다. 평형을 잃은 초자마루는 천천히 외해로 떠내려갔다. 그리고 25일 낮, 마지막 육지였던 긴카 산山이 수평선 너머로 사라지고 말았다.

공포에 질린 초자마루호의 선원들은 그저 하늘만 바라봤다. 모두들 다시는 고향으로 돌아갈 수 없다는 사실을 느끼고 있었다. 그들이 살아남을 방법은 다른 배를 만나거나 바람에 밀려 해변에 도착하는 것뿐이었다. 이 바다 끝에 말로만 듣던 외국이 존재하는지, 그리고 대체 얼마나 더 버틸 수 있는지, 그들은 해류에 운명을 맡기는 수밖에 없었다.

12월이 되자 기온이 내려가기 시작했다. 게다가 눈까지 내렸다. 어느덧 쌀과 물이 바닥났다. 선원들은 뼈와 가죽만 남았고, 매일 부처님께 기도하면서 행방을 알 수 없는 표류를 계속했다.

그렇게 해가 바뀌었다. 고사부로, 센조몬이 차례로 사망했다. 그리고 선장이었던 긴로쿠가 바다에 투신했다. 나머지 일곱 명은 다시마와 빗물을 양식 삼아 간신히 버티면서 다가올 죽음만 기다렸다.

1839년 4월의 어느 날 아침, 수평선 너머로 거대한 물체가 떠올랐다. 자세히 보니 배였다. 더 이상 움직일 수 없었지만, 살아남은 사람들은 난생 처음 마주친 거대한 배를 뚫어져라 바라보았다. 이국의 배에 대한 공포보다 갈증을 해결하고 싶다는 욕망이 더 강했다. 만에 하나 죽어야 한다면 그 전에 물이라도 실컷 마시고 싶다고 생각했다.

　이상한 옷을 입은 외국인들이 초자마루를 향해 소리쳤지만, 뱃사람들은 대답할 기운이 없었다. 주변을 몇 번 선회한 외국 배는 작은 보트를 내렸다. 초자마루의 선원들은 갑판에 누운 채 난생 처음 외국인들을 맞았다. 일본의 에도 시대와 유럽은 아무 말도 주고받지 않은 채 서로를 바라보았다.

　초자마루를 발견한 배는 제임스 로포호라는 미국 포경선이었다. 살아남은 일곱 명의 일본인은 그동안 잘 보관해두었던 깨끗한 옷으로 갈아입고서 외국인의 부축을 받아 제임스 로포호로 옮겨 탔다. 4개월에 걸친 표류는 이렇게 끝이 났다.

　쇄국을 고집했던 에도 시대로부터 떨어져 나온 이들은 자신들을 구조한 제임스 로포호와 함께 하와이, 캄차카, 그리고 알래스카의 싯카까지 동행했다. 그들은 싯카에서 정들었던 제임스 로포호 선원들과 작별한다. 싯카는 당시 러시아령이었던 알래스카의 수도. 그리고 러시아 황제의 명령으로 살아남은 표류자들은 1843년 3월 싯카를 출발, 장장 2개월에 걸친 항해 끝에 마침내 일본 땅을 밟는다.

　그러나 당시의 에도 바쿠후는 외국 땅을 밟고 돌아온 선원들을 범죄자로 간주했다. 이들 역시 에도로 이송되어 감금되었고, 오랜 세월 동안 여러 가지 조사를 받았다. 그 기간 동안 표류자들은 바깥세상에서 보고들은 것들을 바쿠후의 학자들에게 전했고, 학자들은 답답한 일본에서 벗어나 신기한 풍물로 가득 찬 새로운 세상을 동경하게 되었다. 살아남은 초자마루의 선원들이 고향땅을 밟은 것은 그로부터 3년이 더 지난 후였다.

그리고 이들 중 몇 명은 견문록을 남겼다. 그 중에서도 지로기치의 견문록이 가장 뛰어났다. 그는 평소 학문에 관심이 많았고, 감수성도 에도 시대의 뱃사람 치고는 예민한 편이었다. 지로기치는 단순히 외국의 문화를 접하는 데 그치지 않고, 여러 가지 내용들을 수첩에 적어 왔다. 지로기치는 고향에서 견문록을 쓰는 한편으로 그림도 그렸다. 그가 남긴 그림 중에는 싯카의 풍경과 알래스카 인디언의 모습도 있다.

내가 이 초자마루의 표류기를 접한 것은 일본에 있을 때였다. 당시 내 관심을 끈 주인공은 지로기치의 견문록이나 그가 남긴 알래스카에 대한 그림이 아니라 쿠로시오 해류였다. 초자마루를 일본에서 북태평양까지 끌고 간 그 거대한 해류가 내 마음을 온통 빼앗아버렸다.

태곳적부터 북태평양을 둘러싼 해류들은 출구가 봉쇄된 미로를 방황하듯 일본과 알래스카 연안을 빙글빙글 돌아다녔다. 일본의 동쪽 앞바다까지 북상한 북태평양 해류 중 일부는 베링 해로 유입되었는데, 이 해류에 휩쓸린 수많은 배들이 조난을 당했다. 그리고 나머지 본류는 쿠로시오 해류라는 이름으로 남알래스카 연안을 따라 활 모양으로 휘어져 브리티시 콜롬비아로 남하한 다음 다시 동쪽의 하와이까지 이어졌다. 이렇게 남하한 해류는 적도까지 내려갔다가 다시 대만으로 올라왔고, 이후 계속 북상하면서 결국 처음에 시작되었던 일본의 동쪽 연안에 상륙했다.

키와 돛을 잃은 배들이 이토록 강력한 쿠로시오 해류로부터 벗어날 길은 없었다. 그동안 얼마나 많은 배들이 해류에 떠밀려 사라졌는지 모른다. 그 대부분은 바닷물고기의 한끼 식사가 되어 사라졌겠지만, 살아남은 몇몇 사람들은 캄차카, 알류샨, 그리고 남알래스카의 해안에 발을 디뎠을지도 모른다. 물론 이렇게 해안에 도착한 사람들도 대부분은 원주민에게 살해되었을 것이다.

초자마루가 북태평양을 표류한 1839년 이전에도 일본의 난파선 몇 척이 알래스카까지 떠내려갔다는 공식적인 기록이 있다.

1782년 알류샨

1805년 싯카

1813년 북위 49도, 서경 131도의 해상

1815년 북위 32도, 서경 166도의 해상

1820년 포인트 아담스

1833년 케이프 프라타리

1862년 애투

1871년 아다크

  난파선의 선원 중에는 알래스카 해안에 당도한 후에도 살아남은 사람들이 있을 것이다. 그들은 두 번 다시 고향으로 돌아갈 수 없는 운명을 받아들이고 낯선 이방인들과 한데 섞여 살아갔는지도 모른다. 만일 내 예상이 사실이라면 그들은 이곳의 문화에도 어떤 영향을 미쳤을 것이다.

  예전에 틀링깃 족의 한 친구가 내게 이런 말을 했다.

  "내 몸 속에 일본인의 피가 섞여 있는지도 몰라. 조상들이 남긴 이야기 중에도 비슷한 이야기가 많거든."

  남동 알래스카에서 브리티시 콜롬비아까지 토템 폴의 문화를 축조한 해양 인디언은 틀링깃 족과 하이다 족이 대표적이다. 인류 역사상 이들처럼 풍요로운 자연의 혜택을 누린 집단은 아마도 없었을 것이다. 그들은 이 땅에 등장한 이래 한번도 굶주림을 경험하지 않았다.

먼 바다로 나가지 않아도 연어, 넙치, 청어, 바다표범, 숭어, 고래들이 넘쳤다. 숲 또한 커다란 사슴들이 가득했고, 여러 가지 나무열매를 언제 어디서나 구할 수 있었다. 그리고 일 년 내내 지속되는 난류가 온화한 해양성기후를 선사했다. 그런데 이들 해양 인디언의 발상지는 해안이 아니라 내륙이라고 한다. 아마도 풍부한 자연의 혜택을 찾아 코스트 산맥의 골짜기와 강을 건너 오늘날과 같은 해안지대에 정착하게 되었으리라.

이들이 토템 폴, 회화, 직물 같은 고도의 예술을 탄생시킬 수 있었던 것은 굶주림에서 해방된 인간의 자유로운 정신이 뒷받침되었기 때문일 것이다. 하지만 과연 이것이 전부일까. 혹시라도 광대한 빙하와 깊은 숲에 갇혀 고립된 이 낯선 세계에 이들과 전혀 다른 문화를 가진 방문자가 바다 너머에서 찾아오지는 않았을까. 특히 이들에겐 가까운 이웃인 알래스카 원주민(에스키모, 아사바스칸 인디언) 사회에서는 전혀 찾아볼 수 없는 엄격한 계율이 있다. 대체 이런 문화는 어디서 시작된 것일까.

틀링깃 족의 어떤 노인이 남긴 이야기를 통해 그 베일을 벗길 수도 있다는 생각이 든다.

"아주 오랜 옛날에 바다를 건너 사람들이 왔다. 그들은 프린스 오브 웨일스 섬의 남서에 떠 있는 돌섬에 도착했다. 그 사람들은 이슈샨아데(오래된 생물이라는 뜻이라고 한다)라고 불렸으며, 타코웨이데 크랜의 먼 조상이 되었다."

크랜이란 알래스카 방언으로 가계를 뜻한다. 토템 폴의 문화를 보유한 해양 인디언은 자신들의 선조가 동물이었다고 생각한다. 따라서 그들의 전통적인 가계는 동물이 그 시초다. 그 중심을 차지하는 동물이 바로 늑대와 떠돌이까마귀인데, 타코웨이데는 틀링깃 인디언의 늑대종족 중에서도 가장 오래된 가계이다. 사실은 아직도 많은 알래스카 원주민들이 타코웨이데의 선조가 바다에서 왔다고 믿고 있다. 즉 내륙에서 이동해 온 인디언보다 외국인들이 해안에 먼저 도착했다는 것이다. 그리고 이 외국인들은 내륙에서 찾아온 인디언들과 함께 지내게 되었고, 틀링깃 족과 하이다 족으로 나뉘었다고 한다.

만일 이런 전설이 사실이라면 이 외국인들은 대체 누구일까. 그리고 도대체 언제 알래스카에 도착한 것일까.

틀링깃 족의 구전설화에 따르면 바다를 건너온 외국인의 우두머리는 두 자매였다. 그중 여동생은 퀸샬럿 섬까지 남하했는데, 그 자손이 현재의 하이다 족이다. 언니는 알래스카 해안에 정착한 후 내륙에서 산을 넘어온 인디언과 함께 살았으며, 그 자손이 틀링깃 족이 되었다. 타코웨이데의 가계는 바로 언니의 후손들이다. 그래서 언니와 여동생으로 나뉜 두 종족이 제사나 장례식 때 만나면 여동생의 자손인 하이다는 언니의 자손인 틀링깃에게 반드시 좋은 자리를 양보했다고 한다.

이 같은 구전설화는 해양 인디언에게 아시아인의 피가 흐르고 있다는 가능성에 현실감을 더해준다. 짧은 시간 내에 그들이 고도의 문화를 축조할 수 있었던 것은 아시아에서 유입된 문화 덕분인지도 모른다. 에도 시대 이전부터 쿠로시오 해류는 존재했다. 이 말은 에도 시대 이전부터 초자마루 같은 난파선이 존재했다는 이야기가 아닌가.

눈을 떠보니 한 시간이나 지났다. 소파에 기대어 깜빡 잠이 들었던 모양이다.

D할머니는 산처럼 쌓인 앨범들을 책상 위에 올려놓고 '유령선

베이키모'의 사진을 찾고 있었다.

"정말 이상한데? 분명히 여기 어디 있을 텐데……. 꽤 오래됐지만 얼음에 박힌 배가 조그맣게 찍혀 있었고, 그 뒤에 베이키모라고 적혀 있었어."

"괜찮아요. 다음에 찾으시면 알려주세요. 그때 다시 올게요."

나는 책장에서 떠돌이까마귀의 신화에 대한 책을 한 권 골랐다.

"당신은 사람을 찍는 사람이니까 저널리스트라고 인정해주겠어. 10퍼센트 할인해줄게."

밖에는 안개처럼 부슬비가 내린다. 프랭클린 고개를 내려가면서 유령선에 대해 생각해봤다. 그때 문득 알래스카 해안에 살고 있는 원주민들에게 들은 비치코민에 대한 이야기가 생각났다.

하루 일과가 끝날 저녁 무렵이면 사람들은 어김없이 해안에 모였다고 한다. 파도에 실려 온 표류물을 찾기 위해서였다. 그들은 주로 다른 세계의 것으로 보이는 이상한 물건들에 관심이 많았다. 특히 먼 바다에서 태풍이 지나간 날이면 해안은 난파된 배에서 떠내려 온 여러 가지 물건들로 가득했다는 것이다. 놀랍게도 대부분의 표류물이 일본, 혹은 일본인의 배에서 떠내려 온 것들이라고 한다. 그중에서도 일본 어부들이 사용하는 둥글고 큰 유리 부표는 귀중품에 속했다. 지금까지 얼마나 많은 사람들이 그 유리 부표를 자랑스럽게 보관하고 있는지 모른다. 그러나 당시만 해도 나는 이 유리 부표의 의미를 몰랐다. 아니, 알려고도 하지 않았다.

  빗발이 점점 거세졌다. 안개가 살아 있는 생물처럼 꿈틀거리며 도시를 감싸 안는다. 산마루의 빙하는 지금쯤 눈이 되었을 것이다. 나는 몸을 적시는 차가운 빗속에서 먼 이국에서 떠내려 오는 따뜻한 해류를 만난 것처럼 가슴이 훈훈했다.

이 별에는 사람의 기억을 되돌리는 외로운 상념이 깃들어 있다.
그러나 수천 년, 혹은 수만 년이 흐른 뒤에는
북극성의 위치가 바뀐다고 한다.
그때쯤이면 지금 내가 바라보는 저 자리에
다른 별의 추억이 깃들 것이다. 모든 생명은
바로 이 순간에도 여행을 계속하고 있다. 별도 예외일 수는 없다.

백야

백 년 후엔
여기가
어떻게 변할까

"돈, 나가자구. 이렇게 좋은 밤을 여기서 그냥 보낼 수는 없어."
"그렇게 할까? 아무리 생각해봤자 소용없으니까."
친구인 돈 로스는 어쩔 수 없다는 표정으로 어깨를 으쓱거렸다. 최악의 상황일수록 더 많이 웃는 그의 강인한 성격이 그대로 드러났다. 돈은 늘 그랬듯이 밝은 표정으로 주변을 둘러봤다.
우리는 지금 브룩스 산맥을 관통하는 콩가크트 강 상류에 있다. 이 강을 따라 내려가면 북극해가 나온다.

강변에 있는 텐트에서 먹을 것을 챙기는 동안 돈은 자신이 가장 아끼는 비행기인 세스나 175를 걱정스러운 듯 바라봤다. 나는 그 순간 눈 덮인 설원을 배경으로 멋진 그림이 나올 수 있겠다는 생각이 들었다. 돈은 약간 구부러진 세스나의 프로펠러를 연신 어루만졌다.

우리는 또 한 번 이륙에 실패했다. 기체의 중량이 계속 앞으로 쏠려 움직이는 순간, 툰드라에 처박히고 말았다. 툰드라는 일 년 내내 얼어붙어 있는데, 여름에만 표면이 약간 녹을 뿐이다. 한마디로 드넓은 동토凍土라고 할 수 있다. 인공적인 활주로가 있을 리 만무한 알래스카의 벌판을 비행할 때 가장 위험한 것은 이착륙이다. 하늘에서 내려다봤을 때는 그저 평평했던 툰드라도 막상 가까이 다가가면 대부분 울퉁불퉁해서 착륙하기가 여간 힘든 것이 아니다. 그러니 기체가 온전히 정지할 때까지 긴장을 놓아서는 안 된다. 약간 파인 곳이라든가, 돌멩이 하나 때문에 목숨을 잃게 되는 경우도 있었다.

돈이 해머를 들고 나타나 빙긋 웃더니 프로펠러를 마구 두들긴다. 그러나 구부러진 프로펠러를 펼 수는 없었다. 그리고 펴진다고 한들 더 이상 하늘을 날지는 못한다. 우리가 착륙한 곳은 알래스카 최북단의 산 속이었다. 근처에 인가라곤 아사바스칸 인디언 마을뿐이었는데 브룩스 산맥을 넘어 100킬로미터나 떨어진 곳에 있었다. SOS로 상황은 알렸지만 새로운 프로펠러가 페어뱅크스로부터 도착하려면 최소한 일주일은 넘게 걸릴 것이다.

엔진에 이상은 없는지, 비용은 얼마나 들 것인지, 돈은 이곳에서 일주일을 보내야 한다는 것보다 비행기가 더 염려스러운 눈치였다.

우리의 딱한 상황과는 달리 며칠간 계속된 짙은 안개가 사라지고 멋진 밤이 찾아왔다. 침낭에 누워 그대로 잠이나 잘 것인지, 아니면 산에 올라갈 것인지 우리는 한동안 갈팡질팡했다. 지금은 백야白夜의 계절이다. 태양은 계속 석양을 빛내며 가라앉기를 거부하고 있다.

배낭에 음식물과 커피를 담고서 모든 걱정거리를 베이스캠프에 남겨두고, 산을 향해 출발했다.

나와 돈 로스는 북극권을 이동 중인 카리부 떼를 찾아 동부 브룩스 산맥을 여행하고 있었다. 카리부 사슴 촬영은 알래스카만이 허락하는 주제였다. 우리는 진정한 야생과 원시자연을 두 눈으로 확인하고 싶었다. 지난날 미국 평원을 가득 메웠다는 들소의 모습은 더 이상 찾아볼 수 없다. 나는 언젠가 카리부도 알래스카 평원에서 사라지는 날이 오리라는 것을 예감했다. 그래서 태곳적부터 시작된 카리부의 이동에 더욱 집착했는지도 모른다. 나는 이 전설 같은 풍경을 될 수 있는 한 빼놓지 않고 담아낼 생각이었다.

21세기가 코앞에 다가왔다. 오늘날 인간의 인식 속에서 자유로운 곳은 오직 알래스카뿐이다. 이 믿을 수 없는 세계는 시간으로부터 멀리 떨어져 아득한 극북의 아름다움을 간직하고 있다. 그중에서도 가장 아름다운 광경을 꼽는다면 흰 벌판을 방황하는 카리부의 거대한 무리이다.

타임터널(자유롭게 미래와 과거를 넘나들 수 있다는 가공의 터널)을 통과하듯 카리부들의 뒤를 좇았다. 그렇게 10년 동안 나는 세월을 잊은 채 머나먼 태고의 순결을 느낄 수 있었다. 돈은 내 곁을 지켜준 가장 훌륭한 파트너였다. 돈은 알래스카에서 활동 중인 파일럿 가운데 최고였으며, 무엇보다 알래스카의 자연을 사랑할 줄 아는 사람이었다.

원래 돈은 미 공군의 전투기 조종사였다. 그가 어떤 이유로 신분이 보장되는 직업을 버리고 홀로 알래스카 벌판을 날아다니는지는 모른다. 확실한 것은 돈이 현재의 삶에 만족하고 있다는 점이다. 겨울만 되면 그는 아프리카로 날아가 난민 캠프에 물자를 공급하는 자원봉사에도 참가하곤 했다.

나는 이런 돈의 모습이 보기 좋았다. 잠시라도 이야기를 나눠보면 인생을 달관한 듯한 풍모가 느껴졌다. 마치 인생의 모든 쓴맛과 단맛을 경험한 노인들처럼 돈에게선 깊은 연륜이 풍겼다. 그와 함께 수많은 추억들을 알래스카에서 경험했다는 것은 내겐 둘도 없는 행운이다.

북극해를 비행하던 중 우연히 카리부 떼를 만난 것은 벌써 5년 전의 일이다. 사람의 손길이 닿을 수 없는 툰드라의 대지를 수십만 마리의 카리부 떼가 달려 나가는 풍경을 바라보면서 우리는 정신이 아득해졌다.

"지금 우리가 보고 있는 저 모습은 천 년, 아니 만 년 전의 일인지도 몰라."

곁에서 조종을 하던 돈은 이렇게 중얼거렸다.

백야의 툰드라에서 카리부를 쫓는 한 마리 늑대를 관찰한 적도 있었다. 이 또한 태곳적과 다를 바 없는 광경이었다. 이곳에서 생명은 오직 자신을 위해 존재한다. 그 숭고함이 우리들까지 흥분시키곤 했다.

베이스캠프를 떠나 한 시간 정도 걸어가자 눈앞에 콩가크트 강이 나타났다. 돈은 아직도 프로펠러 생각을 하는지 말수가 적었다. 극북의 강을 건너는 것은 항상 위험한 일이다. 깊은 곳이 아니더라도 차가운 얼음은 공포 그 자체였다. 한번 건너기 시작하면 쉴 수도 없고 되돌아올 수도 없다. 게다가 급류 때문에 균형을 잃기 쉽다.

무사히 강을 건넌 후 고산 툰드라의 경사면을 올라가기 시작하자 작은 꽃밭이 여기저기 눈에 띄었다. 목구멍이 떨리는 듯한 뇌조의 울음소리가 들려온다. 경사면을 올라갈수록 골짜기에서 보지 못했던 백야의 태양이 더욱 선명해지고, 기온도 점차 따스해진다.

우리는 꽃밭에 앉아 잠시 쉬기로 했다. 하루 종일 비행하느라 지쳤는지 돈은 뒤로 벌렁 눕더니 눈을 감았다. 미풍이 극북의 조그마한 꽃밭을 부드럽게 어루만졌고, 집을 다 만든 검은가슴물떼새가 그 안에서 걸어 다니고 있다. 아직 7월이지만, 벌써 남쪽으로 돌아갈 준비를 하고 있나 보다.

"이봐, 미치오. 앞으로 백 년 후엔 여기가 어떻게 변할까?"

갑자기 돈이 물었다. 돈 역시 나와 똑같은 생각을 하고 있었던 것이다.

우리는 다시 산을 올랐다. 눈앞에 카르(빙하의 침식으로 생긴 산간의 U자형 분지)가 나타났고, 이어서 목화밭이 드문드문 섞인 초원이 펼쳐졌다. 하얀 솜털이 백야의 빛으로 반짝였다. 그 모습이 마치 보석 같았다. 나는 주위를 살펴보았다. 멀리 산꼭대기 바로 밑에서 점들이 움직이는 모습이 보였다. 카리부였다. 능선 위의 점들은 굵은 선이 되었고, 잠시 뒤엔 검은 띠로 변해 산의 경사면을 메워버린 다음 우리가 있는 쪽으로 달려왔다.

　우리는 깜짝 놀라서 목화밭으로 뛰어들어 몸을 숨겼다. 배낭을 벗어버리고 그 위에 누웠다. 여름철에만 맡을 수 있는 툰드라의 흙내가 싱그러웠다. 맑게 갠 백야의 푸른 하늘이 한없이 펼쳐졌다. 그대로 가만히 누워 있으면 카리부 떼가 머리 위로 소리 없이 지나갈 것만 같았다.

　이번 일로 돈은 경제적인 부담을 안게 되었지만 우리가 무사히 비행했다면 이렇게 대자연의 품에 안길 수는 없었을 것이다.

　"꼭 선물 같군."

　돈이 말했다. 주위가 조금씩 술렁이기 시작했다. 금빛으로 빛나는 목화밭을 향해 수천 마리의 카리부 들이 달려오는 소리였다.

봄을
기다리는
흑곰

 부드러운 4월의 바람이 얼어붙은 겨울의 대기와 혹한의 계절을 견뎌낸 사람들을 위로하기 시작한다. 따뜻해진 태양의 온기가 봄의 전령처럼 알래스카를 떠돈다. 나는 이곳에서 사람이 따스한 햇살만으로도 행복해질 수 있다는 것을 배웠다.
 어깨에 짊어진 배낭끈을 약간 느슨하게 풀었다. 한껏 땀이 밴 몸에 봄을 알리는 바람이 상쾌하게 다가온다. 선글라스를 벗고 사방을 둘러보며 한숨 돌리고 보니 햇살을 받아 반짝이는 눈들 때문에 어지럽다.

"이봐, 존. 올핸 눈이 굉장히 깊은데."

"그러게 말이야. 어둡기 전에 찾는 게 좋겠어."

존은 스노우 슈즈로 눈을 밟아 다지고 나서 목에 걸린 계기판의 스위치를 누른다. 그동안 나는 손에 든 안테나를 되도록 높이 치켜들었다.

삐삐삐……. 안테나를 돌릴 때마다 소리가 달라진다. 아무래도 이 산골짜기 어딘가에 숨어 있는 듯하다.

이곳은 페어뱅크스 교외의 산속이다. 눈이 어찌나 많이 쌓였는지 스노우 슈즈를 신지 않으면 가슴까지 파묻히기 일쑤다. 안테나의 발신음을 따라 우리는 등피나무와 자작나무로 우거진 숲 곳곳을 살펴보았다.

존은 이번 탐사의 리더였다. 대원들은 존을 합쳐 다섯 명이었고, 알래스카 생물국 소속이었다. 지난여름 우연히 만난 흑곰에게 발신기를 장착했었는데, 그 행동반경을 추적하던 중이었다. 그런데 요새 들어 발신음이 작아지는 것이 아무래도 배터리가 다 된 모양이었다. 결국 이 근처 어딘가에서 동면하고 있을 곰의 굴을 찾아 녀석에게 새로운 발신기를 달아주기로 했다.

사흘 전부터 안테나가 장착된 소형 비행기를 타고 페어뱅크스 교외를 샅샅이 뒤졌다. 발신음을 따라 여기까지 왔지만 워낙 넓은 지역이라 곰의 정확한 위치를 찾게 될지는 장담할 수 없었다. 게다가 수십 년 만에 내린 폭설이 우리의 앞길을 막고 있었다.

아직 곰들이 잠에서 깨어날 때는 아니었다. 하지만 한겨울과 같은 완전한 동면도 아니었다. 가사상태라기보다는 꾸벅꾸벅 조는 것과 비슷했다. 위험이 닥치면 언제든 깨어나 덤빌 수 있었다. 또 암곰들이 새끼를 낳기 때문에 혹시라도 마주치면 상당히 위험했다.

에스키모들이 알래스카의 주인은 사람이 아니라 곰이라고 말할 정도로 이곳에선 곰을 의식하며 살아야 한다. 물론 자주 볼 수는 없지만, 이렇게 밀리 나올 경우에는 갑작스런 곰의 출현에 대비를 해야 한다. 생각해보면 알래스카처럼 곰이 사람의 생활에 큰 영향을 끼치는 곳도 없다. 동물원에 감금된 곰이 아니라, 자연의 일부로서 인간과 공존하는 곰의 생태는 이곳 말고는 찾아보기 힘들 것이다. 만일 알래스카에서 야영을 할 경우, 곰의 습격에 대해 긴장하지 않아도 되는 날이 온다면 그때는 더 이상 알래스카가 아닐 것이라는 생각까지 해본다. 그만큼 알래스카의 자연에서 곰이 차지하는 비중은 높다. 그러나 4월의 알래스카에서 곰을 찾는 것은 힘든 작업이었다.

이른 봄이라고 해도 일조시간은 여전히 짧았다. 금세 해질 녘이 다가왔다. 아침부터 이미 여섯 시간 넘게 걸어온 우리는 조바심이 나기 시작했다.

4시가 조금 지났을 무렵, 갑자기 발신음이 높아졌다.

"이봐, 근처에 있는 것 같아."

존이 작은 목소리로 속삭였다. 반경 10미터 이내의 눈 아래쪽에 곰이 있는 듯했다. 배낭을 자작나무 줄기에 걸어놓고서 스노우 슈즈를 벗었다. 한 발을 내딛자마자 순식간에 허리까지 눈에 파묻힌다. 봄에 쌓인 눈들은 낮이 되면 녹았다가 밤이 되면 다시 얼어붙는다. 이렇게 며칠을 반복하면 싸락눈처럼 굳어서 발을 잘못 들였다가는 무게를 견디지 못하고 깊숙이 빠지고 만다.

예년 같으면 눈 위에 작은 숨구멍이 발견되었을 텐데, 금년에는 눈이 너무 많이 내렸다. 대원들 모두 긴장한 눈치였다. 어쩌면 지금 이 순간 우리 발밑에서 곰이 자고 있는지도 모른다.

이제 시간이 없었다. 각자 삽을 들고 눈을 파보기로 했다. 분명이 근처에 굴이 있는 것은 확실했다. 우선 숨구멍부터 찾아야 한다. 그렇게 한 시간쯤 지났을까. 등피나무에서 2미터 가량 떨어진 곳에 조그마한 구멍이 보였다. 우리의 목소리는 더욱 작아졌다.

"이봐, 스티브. 안을 들여다봐."

불쌍하게도 스티브는 항상 이런 역할을 떠맡았다. 우리는 마른 침을 삼키며 위에서 지켜보기로 했다. 회중전등 스위치를 든 스티브의 얼굴이 창백해졌다. 천천히 숨구멍을 헤치고 얼굴을 집어넣는 순간, 스티브의 몸이 튕겨져 나왔다.

"왜 그래?"

스티브는 식은땀을 흘리며 눈앞에 곰의 얼굴이 있었다고 말했다. '후.' 하는 숨소리가 느껴질 정도였다는 것이다.

신속하게 작업이 시작되었다. '폴'이라고 불리는 가늘고 긴 막대 끝에 마취에 필요한 주사기를 매달았다. 이번에는 존의 차례였다. 존은 숨구멍을 통해 곰의 위치를 확인하고 나서 곰의 몸에 정확히 주사기를 찔러 넣었다. 우리는 재빨리 입구를 찾아낸 다음 삽질을 시작했다.

어느덧 5분이 지났다. 동굴 입구는 사람 한 명이 들어갈 수 있을 만큼 넓어졌다.

"미치오, 안을 들여다봐."

나는 목만 길게 빼고서 조심조심 굴 안을 비춰봤다. 굴 바닥은 생각보다 깨끗했다. 작은 가지들이 촘촘하게 깔려 있었고, 그 위에 바위처럼 생긴 검은 덩어리가 웅크리고 있었다. 반년 동안 이 작은 공간에서 봄을 기다려온 곰이었다.

스티브가 상반신을 굴속으로 들이밀었다. 곰을 입구까지 데리고 나오기 위해서였다. 스티브가 곰의 뒷발을 잡고 끌어당겼으나 뒷발이 나무뿌리에 걸려 꼼짝도 하지 않았다. 우리는 스티브의 몸을 붙들고 있는 힘껏 곰의 발을 잡아당겼다. 한참의 실랑이 끝에 마취된 곰의 얼굴이 굴 밖으로 나왔다.

세 살쯤 된 곰이었다. 어미와 헤어져 처음 겪는 동면이었을 것이다. 눈 위로 끌려나온 곰은 가볍게 숨을 뱉으며 자고 있었다. 우리에게 주어진 시간은 고작 30분. 발신기를 교체하는 손길이 빨라졌다.

그동안 나는 곰의 뻣뻣한 털을 매만지며 털의 감촉을 느끼고 있었다. 잘 손질한 것처럼 깨끗한 털에서 인간의 상상과는 너무도 거리가 먼 야생의 순수함이 그대로 전해졌다.

손바닥을 입에 대자 가느다란 숨소리가 따사롭다. 집게손가락을 살며시 입속에 넣어봤다. 손가락 끝에 곰의 체온이 닿았다. 배를 만져보니 향기로운 내음과 더불어 따스한 살결이 부드럽다. 나는 심호흡을 하면서 오늘의 경험을 기억 속에 소중히 담았다.

존이 연구에 필요한 혈액을 뽑았다. 여섯이 들어올려 무게를 쟀다. 더 이상 시간이 없었다. 곰의 숨결이 차차 거칠어진다. 마취가 풀리기 시작한 곰의 눈꺼풀이 가늘게 떨렸다.

곰을 굴속에 되돌려 보내는 것도 큰일이었다. 마치 아무 일도 없었다는 듯 녀석을 원래 자리로 보내줘야 했다. 300킬로그램이 넘는 거대한 몸뚱이를 다 함께 들어올렸다. 그리고 천천히 굴속으로 끌고 들어가 원래 있던 자리에 놓고서 굴 입구를 마른 가지로 덮었다. 2미터가량 파냈던 눈구멍도 깨끗이 메웠다.

모든 작업이 순조롭게 마무리되었다. 나도 모르게 한숨이 나왔다. 먼 능선으로 고개를 돌려 숨을 고르는데, 집 한 채가 그림처럼 서 있는 것이 보였다. 저런 곳에도 사람이 살고 있다니······. 나는 그들에게 근처에 곰이 살고 있으니 조심하라는 말을 해주고 싶었다.

며칠 후면 곰은 대지를 적시는 따스한 봄기운에 눈을 뜰 것이다. 그리고 천천히 눈밑에서 얼굴을 내밀고 새로운 세상을 경험하게 될 것이다.

어느덧 황혼이었다. 산을 내려갈 때 다시 한 번 곰의 굴을 살펴봤다. 그곳은 방금 전과 마찬가지로 하얀 눈밭이었다.

웅크리고 앉아 다가올 봄을 기다리던 세 살짜리 곰의 모습이 페어뱅크스로 돌아오는 내내 머릿속에서 떠나질 않았다. 여름 벌판을 활기차게 걸어 다니는 모습도 보기 좋았지만, 자연의 순리를 따르는 야생의 순간을 체험하는 것 또한 더없이 소중한 기억이었다.

알래스카의 봄은 그렇게 가까워지고 있었다.

오늘 밤엔
오로라가
나타날 것 같아

밤이 되면 얼어붙은 빙하의 정적이 사방을 감싸 안는다. 어디서 빙벽이 무너졌는지 눈사태 소리가 들린다. 파도처럼 울려 퍼지던 소리는 곧 가라앉고, 여느 때처럼 암벽에서 떨어지는 돌 소리도 어둠 속에 묻혀간다.

무수히 많은 별들이 알래스카의 밤을 밝히고 있다. 영원할 것만 같은 우주의 침묵, 이것이 알래스카의 밤이다. 왜 유독 알래스카에서만 오리온자리가 이렇듯 크게 보일까. 오리온자리의 왼쪽 위로 베텔거우스가 떠올랐고, 리겔은 오른쪽 아랫부분을 차지했다. 국자 모양의 북두칠성을 활짝 펼쳐놓은 곳에서 북극성이 빛나고 있다. 북극성을 볼 때마다 어린 시절이 생각난다. 이 별에는 사람의 기억을 되돌리는 외로운 상념이 깃들여 있다. 그러나 수천 년, 혹은 수만 년이 흐른 뒤에는 북극성의 위치가 바뀐다고 한다. 그때쯤이면 지금 내가 바라보는 저 자리에 다른 별의 추억이 깃들 것이다. 모든 생명은 바로 이 순간에도 여행을 계속하고 있다. 별도 예외일 수는 없다.

  손만 뻗으면 곧 닿을 것 같은 하늘이 오늘따라 유난히 가깝게 느껴진다. 저 하늘을 가득 메운 별빛은 몇만 년 내지는 몇억 년 전의 빛이다. 길고 긴 여행 끝에 바로 오늘 이곳에 당도한 것이다. 저 작은 별빛에 몇 광년의 세월이 숨어 있다니, 매일 밤 아무렇지도 않게 바라보는 별빛은 우주의 역사가 고스란히 담겨진 페이지인 셈이다. 그러나 말로는 그 진정한 의미를 이해할 수 없다.

  북녘 하늘 저편으로 파란 빛이 나타나더니 잠시 후 그 빛은 하늘거리기 시작했다. 기도하는 마음으로 초조하게 기다리던 나는 산막을 향해 소리쳤다.

  여기는 알래스카 산맥 남쪽에 위치한 루스 빙하의 원류다. 저녁

노을로 붉게 물들었던 매킨리 산이 어느새 검은 실루엣으로 변했다. 이곳은 광활한 자연이 만들어낸 눈과 얼음의 세계이며, 바위로 둘러싸인 거대한 원형극장 같은 곳이다. 달빛은 암벽마다 자신의 흔적을 새기고, 근처 빙산들은 살아 있는 생물체처럼 소리를 내며 조금씩 움직인다. 마치 플라네타륨(영사기로 둥근 천장에 천체의 운행상황을 비추는 장치)을 연상시키는 하늘은 시간이 지날수록 대지에 더욱 가까워진다.

해마다 3월이 되면 오로라 촬영을 위해 루스 빙하를 찾곤 했다. 여기는 우주와 대화할 수 있는 지구상의 몇 안 되는 공간이다. 4,000~6,000미터가 넘는 고산에 둘러싸인 빙하 위에서의 하룻밤은 상상만으로는 도저히 짐작할 수 없다. 칠흑같이 어둔 하늘을 차가운 불길들이 생물처럼 떠돈다. 이런 광경은 한 편의 장엄한 연극과도 같다. 인간의 힘으로는 도저히 연출해낼 수 없는 우주의 드라마. 나는 이 시간을 누군가와 함께 공유하고 싶었다. 특히 감수성이 예민한 청소년들과 즐기고 싶었다. 이 한 번의 경험이 그 아이들의 인생에서 어떤 모습으로 되살아날지는 알 수 없었지만, 이런 세계가 존재한다는 사실을 가르쳐주고 싶었다. 오로라가 나타나지 않아도 좋다. 빙하 위에서 밤을 지새면서 감히 상상도 할 수 없었던 세계를 경험하는 것만으로도 아이들의 인생은 풍요로워질 것이다.

마침 사람이 살지 않는 조그마한 오두막이 한 채 있었다. 알래스카의 전설적인 산악 파일럿 돈 셸던이 거처하던 곳이다. 생전의 셸던은 루스 빙하를 너무나 사랑해 빙원 위의 작은 바위산에 오두막을 지었다. 빙하의 갈라진 틈과 눈사태가 난무하는 이곳에서 바위산은 유일한 안전지대였다. 그는 텐트를 치고 눈 속에서 캠핑을 하다가 위험이 느껴지면 재빨리 바위산 오두막으로 피신했다. 나는 돈 셸던의 부인에게 부탁해 이 오두막을 빌렸다. 일본의 아이들을 루스 빙하로 초청하기 위해서였다.

그리고 작년 봄, 학창시절의 친구들에게 도움을 받아 초등학생부터 고등학생까지의 아이들을 모집했다. 나와 아이들은 조그마한 경비행기를 타고 무시무시한 암벽과 빙벽을 지나 셸던의 오두막에 도착했다. 광대한 빙하 위에 내려선 아이들은 새로운 경험을 앞두고 다들 두려운 눈치였다. 하지만 곧 알래스카의 대자연 속으로 파고들기 시작했다.

"애가 좀 극성맞아. 잘 부탁하네."

친구인 S는 고등학생인 딸을 배웅하면서 내게 신신당부했다. 이름은 I였다. 소녀는 처음 신어본 크로스컨트리 스키와 뒤엉켜 지금 눈밭을 구르고 있다. 아버지의 말에 따르면 꽤 오래 전부터 심각한 반항기를 겪고 있다고 한다.

골목대장으로 알려진 K는 첫날부터 또래의 초등학생들을 이끌기 시작했다. 어느새 친해졌는지 빙하 위에서 눈싸움을 하느라 정신이 없다. 지금 얼마나 멋진 풍경 속에 자신들이 서 있는지를 아이들은 알고 있는 걸까. 이렇게 대자연의 품에 안길 수 있다는 것만으로도 행운이다.

신나게 떠들어대는 아이들로부터 떨어져 나와 혼자 주변을 거니는 T는 중학생이다. T는 얼마 전 고등학교 입학시험을 끝냈는데 이곳에 와서도 학업에 뒤처질까 걱정스러운 눈치였다.

알래스카의 야영에서 가장 중요한 것은 되도록 많은 물을 확보하는 것이다. 우선 눈을 녹여 물을 만드는 일부터 시작했다. 이렇게 만든 물은 밥과 설거지, 세면에 이용되었다.

"접시가 조금 더러운 것 같아요……."

식사 전에 이렇게 투덜대던 아이들이 어느새 카레라이스를 정신없이 먹고 있다.

텐트라고는 하지만 바깥과 별로 다를 게 없다. 영하 20도의 텐트에서 밤을 지샌 아이들은 오두막의 난롯불이 얼마나 고마운지를 알게 될 것이다. 도시생활에서 조금씩 자연으로 돌아오는 아이들……. 아무것도 없는 이 세계에선 먹고 자는 것만으로도 감사하게 된다. 일주일에 불과했지만, 사람의 생활이 이토록 단순해질 수 있다는 사실에 아이들은 많은 생각을 할 것이다.

"오늘 밤엔 오로라가 나타날 것 같아."

"네? 어떻게 그런 걸 알아요?"

북극의 햇살에 얼굴이 그을린 아이들이 되묻는다.

"글쎄, 뭐라고 말해야 좋을까. 오로라 냄새가 나는 것 같거든."

나는 기도하는 심정으로 밤이 오기만을 기다렸다. 내일이면 비행기가 도착한다. 우리는 그 비행기를 타고 집으로 돌아가야 한다.

그런데 그때, 출렁이기 시작한 오로라가 천천히 형태를 바꾸면서 빙하의 상공을 떠돌았다. 오두막에서 튀어나온 아이들이 소리를 지르며 밤하늘을 뚫어져라 바라본다. 사진을 찍는 아이, 눈 위에 드러눕는 아이…. I는 어떻게 해야 좋을지 모르겠다는 듯 하늘을 바라보며 연신 눈 위를 걸어 다닌다.

흥분한 아이들 곁에서 T는 혼자 눈 위에 앉아 멍하니 바라보고 있었다. 나는 왠지 그 모습에 안심이 되었다. T의 표정이 오래도록 기억에 남을 것 같았다. 오로라는 차차 하늘 전체로 번져갔고, 여러 개의 별똥별이 그 속에 떨어지기 시작했다.

골목대장 K는 오로라를 보기나 한 것인지 오두막으로 돌아가 난로에 부지런히 장작을 넣고 있다.

아이들의 기억은 어른들이 헤아릴 수 없는 세계이다. 지금이 아니라도 좋다. 일본에 가면 아이들은 다시 바쁜 일상 속으로 돌아가 루스 빙하에 관한 기억은 금세 잊어버릴지도 모른다. 하지만 5년 후, 혹은 10년 후 문득 오늘의 광경이 떠오를 것이다. 그리고 지금 내가 서 있는 이 자리 말고도 더 넓은 세계가 존재한다는 사실을 기억할 것이다.

루스 빙하는 바위, 얼음, 눈, 별로 만들어진 무기질의 고산지대이다. 갖가지 정보의 바다에서 살아가는 아이들에게 이곳은 익숙하지 않은 세계다. 이곳엔 문명이 없다. 대신 우주의 진정한 모습이 숨어 있다. 빙하 위에서 보내는 고요한 밤, 차가운 바람, 반짝이는 별빛……. 정보가 적다는 사실은 사람의 내부에서 어떤 힘을 만들게끔 유도한다. 그래서 그만큼 인간은 더 많은 무언가를 상상하게 된다.

어렸을 적 보았던 풍경들이 어른이 되고 나서 나타나는 경우가 있다. 인생의 기로라고 느껴지는 순간, 먼 옛날의 풍경들이 아른거리며 떠오르는 것이다. 그때마다 알 수 없는 힘이 솟고 위안을 받기도 한다. 이 아이들에게 오로라가 바로 그런 풍경이 되길 바란다.

산에서 내려가는 날, 이른 봄의 빛을 받으며 머나먼 매킨리 산이 하얗게 빛나고 있었다.

또 하나의 시간을
간직하고
살아가는 삶

어느 날 저녁, 친구와 이런 이야기를 나눈 적이 있다. 그때 우리는 알래스카의 빙하 위에서 야영을 하고 있었다. 하늘에는 별이 총총했다. 무작정 오로라를 기다리고 있었는데, 나타날 기미가 전혀 보이지 않았다. 그래서 눈 위에 앉아 하늘에 가득한 별만 바라보았다. 달이 사라졌지만 믿을 수 없을 만큼 많은 별들이 반짝거려 주위는 환했다. 때때로 그 사이를 별똥별이 긴 꼬리를 끌며 떨어지곤 했다.

"이렇게 많은 별을 매일 밤 도쿄에서 볼 수 있다면 아주 대단할 거야. 밤늦게 일하느라 지친 몸으로 회사에서 나왔을 때 문득 하늘을 올려다보는 거야. 그때 별들이 가득한 광경을 보면 얼마나 멋질까. 아, 오늘도 이렇게 하루가 끝났구나. 오늘도 나름대로 보람찼구나. 아무리 나쁜 녀석이라도 이런 생각이 들 텐데."

"어떤 사람이 나한테 물어본 적이 있어. 이렇게 별이 총총한 하늘이나 눈물나게 아름다운 석양을 사랑하는 사람에게 전하고 싶을 때는 어떻게 할 거냐고."

"그야 사진을 찍으면 되지. 아니면 그림을 그려주거나. 그게 안 되면 말로 설명해주는 수밖에 없지."

"근데 그 사람은 이렇게 말했어. 변해가는 모습을 보여주라고. 아름다운 석양처럼 조금씩 변해가는 모습을 보여주래. 그러면 사랑하는 사람이 그 아름다움을 느낄 수 있다는 거야."

사람의 일생 동안 자연은 여러 가지 메시지를 보낸다. 이 세상에 갓 태어난 아이에게도, 사라져가는 노인에게도 자연은 제각기 필요한 이야기를 들려주게 마련이다.

어렸을 때 집 근처 공터에서 그림연극(어떤 이야기를 여러 장의 그림으로 구성해서 한 장씩 설명하는 연극)을 본 적이 있다. 너무 늦게까지 연극을 본 터라 저녁시간을 훌쩍 넘겨버렸다. 급한 마음에 골목길을 내달리다가 문득 하늘을 올려다보았다. 해질 녘 앞산 너머로 사라지는 노을이 그렇게 아름다울 수가 없었다. 갑자기 나와는 뭔가 다른, 아주 특별한 존재가 내 주변에 있다는 생각이 들었다. 어쩌면 그 순간 나는 하루의 끝을 알리는 노을에서 주어진 시간이 영원하지 않다는 진리를 막연하게나마 깨달았는지도 모른다. 그것은 나와 외부의 세계가 처음으로 어떤 관계를 맺는 순간이었다. 지금 돌이켜보면 그런 경험들이 자연스레 내 삶에 스며들었고, 그 결과 알래스카까지 오게 된 것 같다.

초등학생 때 영화관에서 〈치코와 상어〉라는 영화를 봤다. 무분별한 개발로 자연이 파괴되고 있는 남태평양의 타히티 섬이 무대였는데, 주인공은 상어와 원주민 소년 치코, 유럽에서 관광차 방문한 소녀였다. 영화가 시작하는 순간부터 끝날 때까지 쉴 새 없이 반복되던 푸른 바다가 지금도 기억에 생생하다. 영화관 입구에서 나눠준 팸플릿에는 할리우드의 세트 대신 현지에서 촬영했다는 기사가 적혀 있었다. 당시 사무라이 영화만 봤던 나에게는 세계의 광대함과 맞닥뜨린 충격적인 사건이었다. 특히 디안나라는 주인공 소녀가 어찌나 예쁘던지 한동안 그 소녀를 만나고 싶다는 생각에 잠을 못 이루었다.

그때의 기억 때문인지 사춘기 시절부터 홋카이도의 자연을 동경하게 되었다. 당시 홋카이도는 머나먼 이상향이었다. 홋카이도에 관한 책을 읽으면서 큰곰에 대해 생각했다. 그리고 어느 날인가 도쿄의 전차 안에서 문득 홋카이도의 큰곰이 떠올랐다.

'내가 이 복잡한 전차 속에서 사람들과 부대끼는 바로 지금, 홋카이도의 큰곰은 드넓은 벌판에서 먹이를 찾고 있겠지.'

그리고 어떤 영상이 확연하게 보이기 시작했다. 산중턱을 내려온 커다란 곰이 쓰러진 나무 위를 넘어가는 모습. 그때부터 큰곰과 나는 하나가 되기 시작했다. 도쿄와 홋카이도만큼이나 멀리 떨어진 미지의 존재로부터 또 다른 나를 발견하게 된 것이다.

자연은 참으로 재미있다. 아무런 힘도 없는 것 같지만, 단 한 번이라도 그 무한한 힘을 깨닫고 나면 사람의 인생은 완전히 달라진다. 나의 사춘기 때 일어난 변화가 바로 그런 것이었다. 나는 지식이 아니라 감각으로 자연이라는 거대한 세계를 의식하게 되었다.

몇 년 전, 한 친구가 나와 비슷한 경험을 했다. 도쿄에서 출판사 편집자로 일하던 친구였는데, 가까스로 시간을 쪼개 고래를 촬영하는 여행에 일주일 동안 동행하였다. 전날 밤늦게까지 도쿄에서 일을 하다 도착한 그녀는 남동 알래스카의 여름 바다를 보자마자 환희에 들떴다.

그날 저녁, 우연히 흑고래 떼와 마주쳤다. 우리는 작은 배를 타고 바닷물을 내뿜는 고래를 천천히 따라갔다. 고래의 숨소리가 얼굴에 닿을 정도로 가까운 거리였다. 평생 잊을 수 없는 경험이었다. 주위는 빙하와 원시림이었다. 그녀는 뱃전에 기댄 채 기분 좋게 불어오는 바람을 맞으며, 힘차게 앞으로 나아가는 고래 떼를 바라보고 있었다.

그때였다. 갑자기 고래 한 마리가 눈앞의 해면에서 높이 뛰어올랐다. 거대한 몸뚱이가 하늘을 날아갈 것처럼 공중에서 춤을 추더니 순간 슬로모션처럼 천천히 낙하하면서 엄청난 물보라를 일으켰다.

바다에 정적이 되돌아왔다. 고래는 마치 아무 일도 없었다는 듯 가던 방향으로 천천히 헤엄쳤다. 분리칭이라 불리는 이 같은 행동을 지금까지 몇 번 본 적이 있었지만, 이렇게 가까운 곳에서 본 것은 처음이었다. 인간은 동물의 모든 행동을 해석해보려고 한다. 그러나 우리는 고래가 어떤 말을 하고 싶었는지 결국 깨닫지 못했다. 고래는 바람을 느끼고 싶었을까. 어쩌면 수면 위의 세상이 궁금했는지도 모른다.

눈앞에서 벌어진 광경에 친구는 할 말을 잃었다. 거대한 고래의 갑작스런 움직임 때문이 아니라 이 거대한 고래를 포용하는 대자연의 크기에 감동하고 놀란 것이다. 고래는 우리와 비교할 수 없을 만큼 컸지만, 자연과 비교하자면 고작 한 마리 생물에 불과할 뿐이다. 마찬가지로 인간은 자신이 이 세계의 전부라고 생각하지만, 자연에겐 그저 하나의 생명에 불과하다. 그녀는 처음으로 자신이 살아가는 세계 외에 또 다른 세계가 존재한다는 것을 실감했다. 고래가 살아가는 시간을 깨달은 것이다. 나중에 도쿄에서 만난 그녀는 이런 말을 했다.

"그때 도쿄에서 하는 일이 정말 바빠서 하마터면 알래스카에 못 갈 뻔했거든. 근데 정말 잘 갔던 것 같아. 그 다음부터 정신없이 일할 때마다 알래스카를 생각했어. 지금도 그 고래는 알래스카의 바다에서 그렇게 살아가고 있겠지라고 생각하면 마음이 한결 느긋해지더라구. 도쿄에 왔더니 사람들이 어땠냐고 물어들 봤지만, 사실 해줄 말이 없었어. 그건 직접 겪어봐야 하거든."

우리가 살아가고 있는 바로 이 순간에도 또 하나의 시간이 아주 천천히 흐르고 있다. 하루하루 반복되는 일상에서 또 하나의 시간을 마음 한구석에 간직하고 살아가는 것과 그렇지 못한 것에는 너무나도 큰 차이가 있다. 마치 하늘과 땅이 서로의 차이를 좁힐 수 없는 것처럼.

토템 폴을
찾아서

북미와 유라시아가 육지로 이어졌던 시절, 그러니까 지금으로부터 약 1만 8,000년 전쯤 조수가 모두 빠진 베링 해를 건너 인디언의 조상이 북방 아시아에서 알래스카로 이주했다. 마지막 빙하기가 끝나가던 무렵이었다. 그 후 한없이 지속되는 시간의 흐름과 더불어 그들은 북미 대륙을 천천히 남하하면서 거주지를 넓혀가는데, 일부는 남동 알래스카의 해안을 선택했다. 훗날 토템 폴의 문화를 쌓아 올린 틀링깃 족과 하이다 족의 조상이 될 사람들이었다.

흰머리수리와 떠돌이까마귀, 고래, 회색 곰 등이 새겨진 토템 폴은 그들의 먼 조상과 전설에 대한 일종의 기억이다. 특이한 점은 후세에 남길 수 있는 돌이 아니라 세월 속에서 사라질 수밖에 없는 나무를 선택했다는 점이다.

21세기가 목전에 이른 오늘날에도 토템 폴은 과연 존재할까. 알래스카 대지를 밟은 후 항상 머릿속에서 떠나지 않던 질문이었다. 새로운 숲을 만날 때마다 그 안에 먼 옛날의 토템 폴이 잠들어 있을 것만 같았다. 물론 관광용으로 만들어놓은 것이나 박물관에 진열된 토템 폴은 많이 보았다. 하지만 있는 그대로의 토템 폴은 한 번도 본 적이 없었다. 숲 속에 버려져 있어도 상관없다. 완전히 썩어 형체만 남아도 상관없다. 옛 시대의 신화와 사람들의 숨결만 느낄 수 있다면 그 어떤 것도 괜찮다. 나는 늘 이런 생각을 하며 알래스카의 숲을 여행했다. 그렇게 몇 년 동안 알래스카의 숲을 뒤졌다.

가끔 사람들에게 토템 폴 이야기를 꺼내면 재미있다는 듯이 웃기만 했다. 언젠가 남동 알래스카에서 삼림을 벌채 중인 감독관과 얘기한 적이 있었는데, 그때 나는 야생을 상실한 현대인의 감수성에 절망했다.

"혹시 숲 속에서 오래된 토템 폴을 본 적 없습니까? 완전히 썩어버린 것도 괜찮은데."

"지금 세상에 그런 게 어디 있어요? 또 있다고 해도 나무처럼 생긴 것이라면 모조리 베어버리는데 남아날 리가 없죠. 백 년 전이라면 또 모르지만……."

인디언 마을을 방문하면 장식품처럼 생긴 토템 폴이 마을 입구에 서 있다. 하지만 이것은 내가 찾는 토템 폴이 아니다. 형상은 비슷하지만 인간의 숨결이 느껴지지 않는다. 죽어 있는 토템 폴인 것이다. 토템 폴을 만든 사람의 마음속에 이야기가 없었기 때문이다. 고래와 곰, 독수리를 형제처럼 생각하는 애정이 결여된 채 몇 푼의 잇속을 위해 만든 상품에 지나지 않기 때문이다.

그런데 작년 여름, 믿기 힘든 이야기를 들었다.

알래스카와 캐나다 국경 근처 해안에 퀸샬럿이라는 외로운 섬이 있는데, 그곳에 언제 만들어졌는지 연대를 알 수 없는 토템 폴이 아직 남아 있다는 이야기였다. 19세기 말 유럽인이 퍼뜨린 천연두가 이 섬마을을 휩쓸었는데 그 결과 6,000명 가까운 하이다 족 가운데 70퍼센트가 사망했다. 그러자 살아남은 사람들 대부분이 마을을 버리고 다른 곳으로 이주해버렸다.

20세기는 문화적으로 정의했을 때 수탈의 세기다. 강대국들은 미친 듯이 세계 각지에 흩어진 문화유산을 강탈하느라 정신이 없었다. 퀸샬럿도 예외는 아니어서 많은 토템 폴을 이 무렵 강탈당했다. 보다 못한 하이다 족 자손들은 조상의 신성한 장소에 서구의 손길이 닿는 것을 거부했다. 그들은 토템 폴이 썩기를 바랐다. 마치 죽음에 이른 등피나무의 이파리가 썩어 없어지듯이 먼 옛날의 영화로운 시절이 담긴 토템 폴이 그대로 썩어버리기를 소망했던 것이다. 다행히 이들의 요구가 받아들여졌고, 인류 역사에서 귀중한 위치를 차지하는 토템 폴 중 일부가 퀸샬럿의 해안에 남겨질 수 있었다.

   그날 퀸샬럿의 바다는 평소보다 거칠었다. 작은 고무 보트가 나뭇잎처럼 쉴 새 없이 흔들렸다. 많은 섬들로 이루어진 퀸샬럿은 어느 곳을 둘러봐도 해변까지 숲이 조성되어 있었다. 아마도 처음 이곳을 발견한 사람들은 해변과 숲을 동시에 누릴 수 있는 자연의 혜택에 흡족했을 것이다. 해변과 숲은 토템 폴과 인간이 공존했던 시대와 비교했을 때 아무것도 변하지 않았다. 잔뜩 찌푸린 하늘, 쏟아지는 비, 살아 있는 생물처럼 모습을 바꾸면서 나무 사이를 배회하는 안개는 그때나 지금이나 마찬가지였다. 날씨가 흐려서였는지 바다 위에 떠 있는 퀸샬럿이 우울해 보였다.

파도가 흩어지는 해안선의 바위 밭에 작은 입구가 보였다. 물 위를 떠다니는 해조가 모터에 휘감겼다. 결국 엔진을 끄고 노를 집어 들었다. 문처럼 돌출한 바위 밭을 간신히 빠져나오자 후미진 곳이 나타났고, 우리는 천천히 노를 저어 해변에 닿았다.

좁다란 해변은 울창하게 우거진 숲이었다. 그 옆에 몸통만 남은 나무들이 한 줄로 늘어서 있었다. 오랫동안 상상해왔던 토템 폴이었다. 사람들의 꿈과 기쁨, 슬픔과 분노, 과거와 미래를 묵묵히 지켜본 토템 폴은 해변 한구석에 조용히 잠들어 있었다. 태평양의 거센 파도소리가 저 멀리서 들려왔다.

마지막으로 노를 몇 번 더 젓자 보트 끝이 모래땅을 기어올라갔다. 조금씩 비가 내리기 시작했다. 흥분되는 마음을 가라앉히고 해변에서 제방으로 올라갔다. 눈앞에 토템 폴이 간직하고 있는 거대한 이야기들이 펼쳐지는 것 같았다.

대부분의 폴(가늘고 긴 막대)들이 기울어진 상태였고 몇 개는 쓰러져 있었다. 폴마다 이끼가 잔뜩 끼었고, 어떤 것에는 식물이 자라고 있었다. 하지만 아직도 토템 폴은 이야기를 간직하고 있었다.

곰의 양손에 안긴 사람의 아이, 고래의 지느러미 사이에서 얼굴을 내민 개구리, 마을을 지켜야 한다는 다부진 결의가 빛나는 흰머리수리…….

그렇게 하나씩 살펴보다가 어떤 토템 폴 앞에 우뚝 멈춰서고 말았다. 높게 치솟은 토템 폴 꼭대기에 가느다란 등피나무가 자라고 있었다. 그 뿌리가 폴의 기둥을 타고 지면에까지 촉수를 내린 상태였다. 그 생김새로 미뤄보아 아마도 죽은 자를 매장할 때 세운 토템 폴인 듯했다. 일찍이 하이다 족은 사람이 죽으면 토템 폴에 매장하는 관습이 있었다. 어떤 식으로 매장했는지는 아직 밝혀지지 않았지만, 토템 폴은 관棺의 기능도 했다. 저 등피나무는 사람의 시체를 양분 삼아 생명을 유지해왔던 셈이다.

풀숲을 헤치고 들어가자 태어난 지 얼마 안 되는 새끼 사슴이 웅크리고 있다. 잠시 후 숲 속에서 어미 사슴이 나타났다. 어미 사슴은 천천히 풀을 뜯어먹으며 토템 폴 사이를 이리저리 돌아다녔다. 그리고 새끼와 함께 숲 뒤편의 초원으로 돌아갔다. 초원이 시작되는 곳에 이끼가 잔뜩 낀 네 개의 통나무가 있었는데, 사슴들이 주변에서 느긋하게 풀을 먹고 있었다. 이곳은 하이다 족이 살았던 주거지로서 네 개의 통나무는 오두막의 네 귀퉁이였다. 인간이 사라지고 다시 자연이 시작된 것이다. 동물이 살던 곳에 인간이 살았고, 이제 다시 동물이 살기 시작했다. 자연의 순환은 이 순간에도 오랜 옛날과 마찬가지로 진행되고 있다. 이런 생각이 들자 이곳이 한층 더 신성하게 느껴졌다.

비는 완전히 그쳤고, 햇빛이 쏟아지기 시작했다. 해변의 바위 밭에 앉아 바라보니 해수면이 황혼으로 반짝인다. 내가 앉은 곳은 등받이가 있는 꽤 편한 바위였다. 그때 문득 이런 상상을 해보았다. 몇천 년 전에도 이렇게 해질 녘이 되면 누군가 이 바위에 앉아 지금 나처럼 노을을 감상했을지도 모른다는…….

자꾸 울어대는 갓난아기를 끌어안은 여인이 아이를 달래며 해변에서 조개를 줍고 있다, 고기잡이를 마치고 돌아온 남자들이 카누를 끌어올리고 있다, 젊은 남자와 여자가 서로 웃으며 다정하게 천천히 걸어온다……. 이런 풍경들이 영화처럼 머릿속을 스치고 지나갔다.

이 섬에는 7,000년 전부터 사람이 살았다고 한다. 그리고 오늘 내가 본 토템 폴은 7,000년 전부터 사람이 이곳에 살았음을 증명하는 흔적이다. 이토록 귀중한 인간의 흔적은 앞으로 50년쯤 지나면 완전히 사라져버릴 것이다. 과연 우리들이 먼 훗날을 살아갈 후손들에게 오늘 우리가 무슨 생각을 하며, 어떻게 살아왔는지를 보여주는 흔적을 남길 수 있을까. 하지만 아무리 생각해도 우리가 어떤 흔적을 남기며 살아왔는지 마땅히 떠오르는 것이 없었다. 순간 우리에겐 힘이 없다는 생각이 들었다.

인간의 역사는 브레이크를 상실한 채 끝이 보이지 않는 안개 속을 달려가고 있다. 어쩌면 인류에게 진정 필요한 것은 끝없는 질주가 아니라 한 번쯤 제자리에 멈춰서 자취를 남기는 일인지도 모른다. 그 자취는 미래의 세대들이 우리를 기억하는 신화가 될 것이다. 고유한 신화를 상실한 세대는 결코 기억되지 못한다. 토템 폴은 내게 이런 말을 하고 싶어 하는 것처럼 보였다.

갑자기 어디선가 나무를 두드리는 소리가 들려온다. 주위에는 아무것도 없다. 나도 모르게 위를 바라봤더니 토템 폴 꼭대기에 딱따구리 한 마리가 앉아 있다. 녀석은 풍화한 회색 곰의 얼굴을 두드리며 무언가를 찾고 있다. 어느새 숲 속에서 사슴들이 나타나 토템 폴 사이를 돌아다니기 시작한다. 알래스카 인디언의 신화는 그렇게 살아 있었다. 그들이 이 세계의 창조주로 여기는 떠돌이 까마귀가 이끼 낀 얼굴로 나를 내려다보고 있다.

알래스카에서 온
편지

파일럿인 돈 로스에게서 전화가 왔다.
"지금 「내셔널지오그래픽」에서 사진사가 왔어. 북극권에서 카리부의 계절이동을 촬영할 모양이야. 자네한테 정보를 듣고 싶어 하는 눈치던데……. 호텔로 찾아가서 만나보면 어떨까? 이름은 조지 모블리야."
「내셔널지오그래픽」은 자연·지리·민족·역사를 다루는 미국에서 가장 권위 있는 잡지다. 사진사라면 누구나 한 번쯤 동경해봤을 잡지이기도 하다. 그런 잡지의 사진사와 만날 수 있는 기회였다. 아마도 전 세계를 내 집처럼 돌아다니는 사람일 것이다. 이런저런 생각을 하면서 자동차 시동을 걸었다. 다운타운의 호텔로 향하는 도중 갑자기 조지 모블리라는 이름이 어쩐지 낯익은 듯한 기분이 들었다. 기억의 종이 서서히 울리기 시작했다. 설마 그때 그 이름이……. 하지만 분명 그 이름이었다.

다음 교차로에서 자동차를 유턴해서 집으로 돌아왔다. 현관문에 들어서자마자 서재로 달려갔다. 그리고 너무나 익숙한 사진집 한 권을 꺼냈다. 내가 찾고 싶었던 페이지를 찾는 데 일분도 걸리지 않았다. 페이지 맨 밑에 조그만 글씨로 조지 모블리라고 적혀 있었다. 분명 그 사람이었다.

10대 시절 나는 홋카이도의 자연을 동경하였다. 그 무렵 읽었던 여러 책들의 영향인지도 모르겠다. 어쨌든 홋카이도는 내게 일종의 이상향이었다. 그렇게 북방을 향한 동경은 어느새 먼 알래스카로 옮겨졌다. 그러나 현실적으로 내가 알래스카를 방문한다는 것은 거의 불가능한 일이었다. 알래스카에 대한 정보를 구할 길이 없었다. 20년 전만 해도 일본에 알래스카를 소개하는 책자는 없었다. 그러던 어느 날 도쿄 시내 간다의 헌책방에서 알래스카 풍경을 다룬 사진집 한 권을 발견했다. 그 많은 책 중에서 왜 하필 알래스카 사진집을 골랐는지 지금도 가끔 이해가 안 된다. 마치 내가 오기를 기다리고 있었다는 듯 책이 나를 향해 손짓하는 것 같았다. 그 후 학교에서도, 혹은 외출할 때도 가방에 항상 그 사진집을 가지고 다녔다. 얼마나 여러 번 봤는지 손때가 묻어 책장마다 모서리가 새카맣게 변했다.

책에 실린 모든 사진이 마음에 들었다. 그중에서도 내가 가장 좋아했던 것은 하늘에서 에스키모 마을을 촬영한 사진이었다.

회색의 베링 해와 잔뜩 찌푸린 하늘, 구름을 뚫고 쏟아져 내리는 북극의 햇살, 그 한가운데에 작은 점처럼 박혀 있는 에스키모의 마을……. 처음에는 사진에서 느껴지는 빛의 오묘한 조화에 이끌렸다. 하지만 시간이 지날수록 그 마을이 몹시 궁금해지기 시작했다.

어떻게 이런 척박한 곳에서 사람이 살 수 있을까라는 호기심이었다. 온통 눈뿐인 황량한 벌판에 마을이 들어섰다는 것 자체가 신기했다. 비록 사진에는 사람들의 모습이 없었지만, 집 모양은 분명히 보였다. 대체 그곳 사람들은 무슨 생각을 하며 살고 있는지 궁금해서 참을 수가 없었다.

해질 녘 전차를 타고 집으로 돌아올 때면 내 눈길은 늘 주변 집들의 창가를 훑어보곤 했다. 마침 저녁 시간이었기 때문에 가족들이 둥그렇게 앉아 있는 모습이 자주 눈에 띄었다. 아주 잠깐이었지만 가슴 한구석이 훈훈해지면서도 왠지 모를 아쉬움이 남았다. 그때는 왜 그런 기분이 드는지 이해할 수 없었다. 물론 지금도 온전히 이해하지는 못한다. 아마 같은 시대를 살면서도 그들과 결코 만날 수 없다는 슬픔 때문이었을까.

에스키모 마을이 찍힌 사진도 이와 비슷한 감정을 불러일으켰다. 사진을 볼 때마다 어떻게 해서든 그곳에 가보고 싶다는 생각이 간절했다.

사진 설명에 마을 이름이 조그맣게 나와 있었다. 쉬스마레프였다. 마을에 편지를 한번 보내야겠다고 생각했지만 주소를 몰랐다. 사전을 뒤져 촌장이라는 뜻의 영어를 찾았다. 주소에는 미국, 알래스카라고 써넣었다.

"쉬스마레프 마을이 찍힌 사진을 책에서 봤답니다. 저는 알래스카에 관심이 많습니다. 그래서 찾아가고 싶어졌습니다. 무슨 일이든 할 수 있으니 저를 초대해주셨으면 합니다……."

편지의 내용은 이것이 전부였다. 처음으로 써본 영문편지로 문법에 맞는 문장인지도 알 수 없었다.

답장은 당연히 오지 않았다. 수신인도 주소도 불확실했다. 만약 운 좋게 편지가 도착했다고 해도 머나먼 일본의 소년에게 관심을 기울일 사람은 없었을 것이다. 나 역시 답장을 기대하지는 않았다.

그 후 그 편지는 까맣게 잊어버렸다. 그런데 반년이 지난 어느 날, 학교에서 돌아오자 우편함에 외국우편이 꽂혀 있었다. 세상에, 쉬스마레프 마을의 촌장이 보낸 편지였다.

"……편지는 잘 받아보았습니다. 그렇게 먼 곳에서 우리를 관심 있게 지켜봤다니 무척 고맙습니다. 여름은 토나카이(순록) 사냥이 시작되는 계절입니다. 그래서 사람이 많이 필요합니다. 언제든지 오신다면 환영하겠습니다……."

꿈만 같았다. 그때부터 반년 동안 알래스카 여행을 준비해서 드디어 출발했다. 작은 비행기를 몇 번씩 갈아타고 나자 베링 해가 보였고, 그 후 며칠을 더 비행해서야 쉬스마레프 마을에 도착했다. 책에서 본 사진과 현실이 교차되는 순간이었다. 나는 어떻게 해야 좋을지 몰라 한동안 멍청하게 서 있었다.

쉬스마레프 마을에서 3개월을 보냈다. 내 삶에서 가장 강렬한 체험이었다. 처음으로 봤던 곰, 바다표범 사냥, 토나카이 사냥, 태양이 한없이 반복되는 백야, 마을 사람들과의 즐거운 시간……. 무엇보다 내 작은 방에서 상상만 했던 곳에 실제로 내가 서 있다는 기쁨. 이 여행은 내게 다양한 삶이 존재한다는 진리를 깨닫게 해주었다. 그때 내 나이 열아홉이었다.

그 후 사진이라는 직업을 선택하였고, 수많은 꿈을 품고 7년 만에 알래스카로 돌아왔다. 이번에는 짧은 여행이 아니었다. 3년, 아니 5년 정도가 걸리는 긴 여행이었다. 시간은 화살처럼 빠르게 지나갔다.

알래스카 북극권을 횡단하는 브룩스 산맥의 골짜기를 걸어 다녔고, 카약에 몸을 싣고 글레이셔베이를 횡단했다. 빙하가 우는 소리를 처음 들은 것도 여기서였다. 에스키모들과 우미악을 저어 북극해에서 참고래를 쫓아다니기도 했다. 카리부의 계절이동을 따라 그 여행에 함께한 적도 있다. 곰을 추적한 적도 많았다. 셀 수 없이 많은 오로라를 만난 것은 그중에서도 가장 큰 기쁨이었다. 간혹 늑대와 마주치기도 했다. 이곳에서 나는 사람의 생활이 무엇인지 알게 되었다. 꿈만 같은 14년이었다. 그동안 나는 알래스카에 집을 짓고, 가정을 꾸렸다.

그때 간다의 헌책방에서 조지 모블리의 사진을 만나지 못했어도 알래스카를 찾게 되었을까. 아마도 결국에는 이곳에 왔을 것이다. 좀 더 많은 시간과 방황이 필요했을 테지만. 조지 모블리의 사진은 나를 쉬스마레프라는 마을로 이끌었다. 그 후 마치 새로운 지도가 펼쳐지듯 내 인생은 뜻밖의 방향으로 움직였다. 그리고 지금 내 인생을 변화시킨 조지 모블리를 만나러 가고 있다.

호텔에 도착하자마자 그가 묵고 있는 방으로 뛰어갔다. 내가 어떤 심정인지 알 까닭이 없는 조지는 허옇게 바랜 수염 속에서 활짝 웃고 있었다.

잠시 카리부에 대해 이야기를 나눈 다음 나는 오래된 사진집을 꺼내 그동안 있었던 일들을 그에게 들려줬다. 조지는 흐뭇한 표정을 지으며, 내 이야기를 재미있게 들어주었다.

"아, 그랬군요. 내 사진이 당신의 인생을 바꾸어놓았을 줄은 몰랐어요."

"어쨌든 당신의 사진이 제가 새로운 인생을 계획하도록 도와주었습니다."

"혹시 지금 삶을 후회하나요?"

초로에 접어든 조지의 눈가가 부드럽게 움직였다.

오늘 하루도 무수히 많은 사람들이 내 곁을 스쳐 지나갔지만 우리는 서로를 의식하지 못했다. 인간의 내면에 잠재된 근원적인 슬픔이 바로 이런 것은 아닐까라는 생각을 해보았다. 분명 내 곁에 존재하는 사람들인데, 나는 그들에게 아무런 영향도 줄 수 없고 또 아무런 영향도 받지 못한다는 점을 깨달을 때 인생에 감춰진 고독의 베일이 벗겨진다는 것을 나는 조지와의 만남을 통해 어렴풋이 알 수 있었다.

리스야베이,
그리고
짐 하스크로프

남알래스카에 위치한 세크타트 마을을 떠나려고 경비행기에 몸을 실었다. 잠시 해안을 배회하던 비행기는 동쪽으로 방향을 틀었다. 웅대한 페어웨이저 산맥에서 빙하가 떨어져 나가기 시작한다. 며칠 후 빙하는 태평양의 일부가 되어 수백 킬로미터를 여행할 것이다.

   빙하가 떨어져 나갈 때마다 숲이 파헤쳐지고, 벌거벗은 대지가 드러나며, 무수한 얼음 덩어리들이 나무를 쓰러뜨린다. 결코 아름다운 풍경이라고 할 수 없는 광경이다. 얼음으로부터 해방된 거무스름한 지면에 벌써 식물의 싹이 자라난다. 드러난 지표의 단층들은 여전히 추위에 떨고 있다. 어쩌면 빙하를 그리워하는지도 모르겠다. 이것은 계절이 바뀔 때마다 알래스카에서 맞닥뜨리는 혼돈스런 장면이다.

나는 지금 리스야베이로 가는 중이다. 언젠가는 꼭 찾아가야겠다고 마음먹었던 곳이다. 아주 오래 전에 이 후미진 곳에 속세를 떠난 사람이 살고 있었다. 알래스카를 위해 그가 어떤 업적을 남긴 것은 아니다. 그는 홀로 22년 동안 리스야베이에서 살아왔을 뿐이다. 하지만 이것은 어떤 의미에서 작은 역사라고 할 수 있다. 수백 킬로미터에 이르는 이 해안지대에서 생활한 최초의 백인이었기 때문이다.

나는 그 사람에 관해 늘 궁금했다.

이곳에서 살기 시작한 다음부터 나는 전보다 알래스카의 역사에 더 많은 흥미가 생겼다. 사람들이 무엇을 찾기 위해 알래스카에서 일생을 보내는지 너무 궁금했던 것이다. 아무리 시대가 변해도 한 사람의 일생이 그가 찾는 세계에 당도하는 과정은 크게 다르지 않다. 지금도 많은 사람들이 자신이 속한 세계를 떠나 자기만의 세계를 구현해나가고 있다. 내가 알래스카에 뿌리를 내린 것도 어떻게 생각하면 그런 방법과 비슷하다. 그래서인지 나는 그에게 묘한 친근감을 느꼈다.

그의 이름은 짐 하스크로프였다. 1915~17년경 보트를 타고 리스야베이에 떠 있는 작은 섬에 도착했다고 한다. 그리고 죽는 날까지 22년 동안 오직 혼자서 외로운 무인도를 지켜왔다.

알래스카의 고전 『글레이셔베이』에는 짐에 관한 이야기가 몇 줄 기록되어 있다. 나도 이 책을 통해 짐을 알게 되었다. 그의 성품에 대해서는 페어웨이저 산을 최초로 등반한 브래드포드 워슈번이라는 지리학자의 기록을 보면 잘 알 수 있다.

"짐 하스크로프는 내가 만난 가장 따뜻한 사람이었다. 1932년의 일이므로 짐은 이미 17년 동안 이 작은 섬에서 살았던 셈이다. 일 년에 한 번씩 검은 털에 흰 털이 박힌 여우 모피를 팔기 위해 삼백 킬로미터나 떨어진 주노 시내까지 보트를 타고 왔다. 다른 것은 완전히 자급자족이었다……."

이 책에는 단 한 장뿐인 짐의 사진이 실려 있다. 밭에서 캔 감자를 손에 들고 멋쩍은 듯 웃고 있는 사진. 나는 그의 웃는 표정에 완전히 매료되었다.

"주노에 오면 짐은 우선 소금에 절인 고등어를 잔뜩 산다. 그리고 신문보급소에 들러 지난 일 년 동안 모아둔 신문을 찾아간다. 그리고 섬으로 돌아가서 매일 아침 꼭 일 년 전의 신문만 한 장씩 읽었다. 단 한 번도 이틀치 신문을 읽은 적이 없었다."

나는 이 대목이 가장 재미있었다.

"일 년 중 아주 드물게 리스야베이에 사람이 찾아오는 경우가 있었다. 그때마다 짐은 시계를 들고 해변으로 뛰어갔다. 그리고 지금 정확히 몇 시냐고 묻곤 했다."

이 같은 인간적인 모습에서 무인도를 홀로 지키는 고독은 찾아 볼 수 없었다.

"짐은 언제나 타인을 배려했고, 이곳을 찾아오는 모든 사람을 도와주며 환대했다. 언젠가 짐은 먹을 것이 부족해 뉴욕의 아이들이 쓰레기통을 뒤지고 있다는 기사를 읽었다. 그 후 짐은 어떻게 해야 리스야베이에서 잡은 물고기와 양고기를 뉴욕에 보낼 수 있는지 겨우내 고민했다고 한다……."

"짐에게 일 년 중 가장 기쁜 날은 크리스마스 저녁이었다. 그는 몇 개월 전부터 크리스마스를 준비했다. 가을에 저장한 딸기로 요리를 만들곤 했으며, 우리에게 선물로 싸주기도 했다. 그리고 크리스마스 날 저녁, 오리고기와 열네 가지나 되는 파이를 앞에 두고 혼자 테이블에 앉아 천천히 음식을 먹었다……."

짐은 알래스카에 오기 전까지 오하이오 주에서 살았다고 한다. 그는 세 번의 사업을 통해 큰돈을 벌었는데, 결국 모든 것을 잃고 말았다. 이밖에는 짐에 대해 알려진 사실이 거의 없다. 그리고 1939년 3월 23일, 짐 하스크로프는 조용히 세상을 떠났다. 다음 해에 리스야베이를 찾은 위슈번은 짐과의 추억을 비석에 새겼다. 짐에 대한 이야기는 이것이 전부다. 하지만 짐 하스크로프는 내 기억 속에서 아주 가까웠던 사람처럼 느껴졌다.

짐에 대한 이야기는 이렇게 끝났지만, 리스야베이에 대한 이야기는 아직 끝나지 않았다. 리스야베이 이야기는 일찍이 이곳에 살았던 틀링깃 족의 전설로부터 시작된다.

옛부터 틀링깃 족은 리스야베이의 입구 근처에 카 리스야라는 괴물이 숨어 있다고 믿었다. 카 리스야는 근해를 통과하는 배를 난파시키고 나서 선원들을 붙잡아 곰으로 만들곤 했는데, 자신의 노예로 부리기 위해서였다고 한다. 이 곰들이 지금도 페어웨이저 산맥을 떠돌며 리스야베이를 지키고 있다는 것이다. 틀링깃 족의 전설에는 카 리스야가 자주 등장하는데, 대부분 자신의 허락 없이 해안에 정박한 배를 향해 바위를 떨어뜨리거나, 해일을 일으키는 난폭한 괴물로 그려지고 있다.

　세대를 거쳐 이 같은 전설이 점점 사실로 인식되면서 틀링깃 족은 리스야베이 근처에서는 살지 않게 되었다. 틀링깃 족의 전설을 모르는 짐이 도착하기 전까지 리스야베이는 저주받은 땅이었다. 그리고 짐이 이곳에서 죽은 후 틀링깃 족의 확신처럼 다시 한 번 카 리스야가 그 모습을 나타내는 사건이 발생했다.

　1958년 7월 9일, 날씨는 쾌청하고 바다는 잔잔했다. 페어웨이저 산을 등산한 8명의 캐나다 등반 팀이 리스야베이 입구에서 캠핑을 하고 있었다. 밤 9시쯤 소형비행기가 그들을 태우기 위해 모래톱에 착륙했다. 예정대로라면 이튿날 아침에 와야 하지만, 어쩐 일인지 하두 넌서 도칙했다고 힌다. 그보다 한 시간 전에는 저인망 어선인 에들리호가 리스야베이에 도착해 닻을 내렸다. 밤 9시가 넘어 다시 두 척의 어선이 리스야베이 앞바다에 나타난다. 바자호와 사모어호였다. 밤 10시쯤 캐나다 등반 팀을 태운 소형 비행기가 이륙했다. 이어서 조수가 빠지기 시작했고, 정확히 밤 10시 16분 페어웨이저 산에서 카 리스야의 포효가 들려왔다.

　진도 7의 강진과 함께 9,000만 톤이 넘는 바위들이 산에서 쏟아졌다. 이어서 빙하가 무너졌으며, 높이 40미터의 해일이 시속

백야　183

160킬로미터의 속도로 리스야베이를 덮쳤다. 사모어호는 해일 직후 사라졌고, 바자호와 에들리호는 20미터가 넘는 나무 위에 걸린 채 발견되었다. 선원들은 모두 사라져버렸다. 이튿날 아침, 리스야베이를 살펴본 미국지리학협회 관계자들은 세상의 종말을 본 듯했다고 증언했다. 그리고 짐 하스크로프가 살던 집과 채소밭 역시 파도와 함께 사라져버렸다.

   리스야베이가 조금씩 가까워진다. 얼음에 덮인 페어웨이저 산맥도 구름 사이에서 모습을 드러내고 있다. 이런 일은 매우 드물다고 한다. 이 해안선은 알래스카에서도 최악으로 손꼽히는 지역이다. 일 년 중 햇살을 볼 수 있는 날이 손에 꼽을 정도였다. 산을 돌아가자 리스야베이가 한눈에 들어왔다. 비행기는 서서히 고도를 낮추면서 바닷가의 작은 모래밭에 무사히 착륙했다.
   비행기의 엔진이 꺼졌다. 태평양의 파도소리만 들려온다. 모래톱에 희미한 곰의 발자국이 찍혀 있었다. 그 발자국을 더듬어 가다 보니 전망 좋은 바위가 나왔다. 거기서 짐이 살았다는 작은 섬이 보였다. 눈앞에는 빙하에 덮인 페어웨이저 산맥이 5,000미터 높이로 솟아 있다. 한숨이 나올 것만 같은 아름다움이다. 과연 에

덴 동산도 이처럼 아름다웠을까.

  한 남자가 22년 동안 바라봤다는 풍경이 궁금하다. 서로 다른 시대에 태어났지만, 무엇인가를 찾아 알래스카에 왔다는 점에서 그의 삶과 나의 삶이 하나로 겹쳐지는 듯했다.

  짐이 왜 리스야베이를 선택했는지 이제는 더 이상 궁금하지 않다. 사람에겐 누구나 자신만의 이야기가 있다. 그리고 인생은 그저 살아가는 수밖에 없다. 그것이 정답이라는 생각이 든다. 그러나 이것만은 확실하다. 작은 보트에 몸을 싣고 이 낯선 무인도에 도착했던 그날, 짐에게 리스야베이는 오늘처럼 화창했을 것이다. 바로 이 순간처럼 한없이 평온하기만 했을 것이다.

북태평양의
외로운 섬
키스카

꿈속에서 베링 해의 파도를 느끼다가 잠에서 깼다. 미 해군 소속인 지미트는 쇠사슬처럼 이어진 알류샨 열도를 향해 전진하고 있다. 끊임없이 반복되는 저기압이 이곳을 세계에서 가장 악명 높은 해역으로 만들었다. 미 해군이 최악의 바다로 선정한 이유를 알 것 같았다. 한밤중부터 일기 시작한 파도가 아침이 되어서야 그친다.
　갑판으로 나가자 저 멀리 키스카 섬이 보인다. 알류샨을 선두로 섬마다 나무 한 그루 보이지 않는 까닭은 끊임없이 불어대는 강풍 때문일 것이다. 키스카 섬의 윗부분 역시 안개에 잠겨 있었다. 그래도 가끔 구름 사이로 햇살이 쏟아져 알류샨에서는 드물게 청명한 날씨였다.

스가노 도요타로 씨가 갑판에서 섬 그림자를 바라보고 있다. 1943년 7월 29일, 그는 오늘과 같은 안개를 헤치고 기적적으로 키스카 섬을 탈출하는 데 성공했다. 그의 동료인 5,500명의 일본군 역시 살아남았다. 2,638명이 한꺼번에 전사한 애투 섬의 옥쇄는 그가 이곳을 탈출하기 직전의 일이었다.

"날씨가 맑아서 다행이에요."

"키스카를 이렇게 보는군요. 이곳에 다시 오게 될 줄은 상상도 못했어요. 오십 년 동안 늘 이곳 생각을 했지요. 오늘까지 죽지 못한 것도 여기 한 번 더 와보고 싶어서였을 거예요. 어쨌든 소원이 이루어졌습니다."

야마가타 현 출신인 스가노 씨는 햇빛에 그을린 전형적인 농부의 얼굴이었다.

그때 조지 얼이 갑판에 나타났다. 일본군이 철수한 사실을 모른 채 미국 정부는 키스카 섬 탈환을 위해 6,500명의 미군을 파견했다. 스가노 씨와 동료들이 섬을 탈출한 지 정확하게 18일째 되던 날이었다. 조지는 당시 6,500명의 선봉에 섰던 사람이다. 지금도 섬에 상륙하기 직전 총에 꽂았던 단검이 생생하게 떠오른다며 씁쓸하게 웃는다. 이렇게 둘은 반세기 만에 키스카 섬을 찾게 되었다.

올해 72세인 스가노 씨가 약간 부끄러운 듯 머리를 깊이 숙이면서 아침인사를 건넸다. 여든이 넘은 조지도 "굿 모닝"이라고 말하며 손을 치켜든다. 스가노 씨에게도, 조지에게도 반세기라는 세월이 무상하기만 할 것이다. 키스카의 초록빛이 오늘따라 더 짙은 듯하다. 두 사람은 서로 말이 통하지 않았지만 어느새 두 손을 꼭 붙들고 있다.

전후에 태어난 나에게 태평양전쟁은 머나먼 과거일 뿐이다. 가끔은 내 나라의 역사라는 사실도 실감이 나지 않을 때가 있다. 도대체 당시 무슨 일이 있었는지 나를 비롯한 젊은 세대들은 알지 못한다. 그저 학교에서 잠시 배운 쇼와昭和 시절의 지나간 역사에 불과하다.

태평양전쟁은 제국주의에 물든 일본이 영토확장을 목적으로 일으킨 맹목적인 전쟁이었다. 반면에 미국에게 제2차 세계대전은 파시즘을 차단하기 위한 성전聖戰이었다. 그리고 50여 년이 지난 지금은 왜 310만 명의 일본군이 죽어야 했는지 그 이유를 찾을 수 없는 무모한 전쟁일 뿐이다.

 전쟁을 겪어보지 못한 사람은 그 참혹함을 아무리 설명해줘도 깨닫지 못한다. 우리가 그들의 고통을 이해하기 위해서는 자신의 의사와 상관없이 죽어간 무명용사들의 소중한 생애와 그들을 떠나보낸 자들의 고통스런 여생을 하나씩 더듬어보는 수밖에 없다.

 몇 년 전『푸른 바다여, 잠들라―미드웨이 해전의 삶과 죽음』이라는 책을 읽은 다음에야 이 같은 사실을 깨닫게 되었다. 이 책에는 미드웨이 해전에서 자석처럼 해저로 침잠해버린 3,419명의 청춘들이 슬프리만큼 생생하게 그려져 있다. 그리고 전사한 병사들의 아내와 부모, 연인들에게 주어진 고통스런 삶에 대해서도 자세히 묘사하고 있다. 전쟁이란 남겨진 자들에게 고통뿐이라는 진리를, 그 어떤 인생도 살아남은 슬픔에서 자유로울 수 없다는 불합리한 진리를 너무나 솔직하게 일깨워준 책이었다. 그중에서도 지금까지 내 가슴에 깊숙이 파묻힌 대목은 미드웨이 해전에서 남편을 잃은 어느 미군 병사의 아내에 관한 이야기였다.

 "왜 사람들이 지나간 날들을 그리워하는지 알 것 같아요. 왜 죽은 자를 잊지 못하고 신앙을 찾는지 알겠어요. 한때 서로 사랑하며 의지해온 사람이 이제는 내 곁에 존재할 수 없다는 사실을 사람의 힘으로는 받아들일 수 없습니다. 그래서 사람은 지난날을 추억하고, 신앙에 의지하는 것이지요."

알류샨 공략은 미드웨이 해전을 위한 양동작전이었다. 일본군은 애투와 키스카를 점령하고 있었지만, 태평양전쟁의 흐름을 바꾸기에는 역부족이었다. 특히 미드웨이에서의 참패로 전략적 기능을 모두 상실한 일본군은 알류샨을 버리기로 결정한다. 그리고 애투에서 그 유명한 옥쇄가 시작되었다. 그러나 키스카에 주둔 중인 병사들은 상부의 지시에 따라 허무하게 죽음을 맞이할 수는 없다고 생각했다. 그들은 해역 특유의 안개를 이용하면 탈출이 가능하다는 결론을 내렸다. 결국 5,500명의 일본군은 불과 40분 만에 기적적으로 탈출에 성공한다.

탈출하기 나흘 전, 키스카의 일본군 야포가 미 전투기 한 대를 격침시켰다. 전투기에서 젊은 미군 소위의 시체가 발견되었다. 단독으로 적군의 위치를 파악하기 위해 위험을 감수한 그 미군 소위에게 키스카의 일본군 병사들은 경의를 표해야겠다고 생각했다. 그리고 50명의 일본군이 장교들의 눈을 피해 미군 소위를 땅에 묻은 다음 영어로 글을 새긴 묘비를 세웠다.

"청춘과 행복을 조국에 바친 영웅, 여기 잠들다."

미국과 영국을 귀축鬼畜(야만적이고 잔인한 짓을 하는 사람을 비유적으로 일컫는 말)이라고 부르던 시절이었다. 감히 적군의 소위를, 그것도 묘비와 함께 묻어준다는 것은 있을 수 없는 일이었다. 그 50명의 병사 중 한 명이 바로 스가노 도요타로 씨였다. 그는 '머잖아 나도 죽을 것이니 저세상에서 당신과 함께 이야기할 수 있으면 좋겠다'는 심정으로 비석을 세웠다고 한다.

전쟁이 끝난 후 이 비석을 기억하고 있던 미군 대령의 제안으로 키스카에서 미·일 합동 위령제가 거행되었다. 그리고 이제 여든이 넘은 노병들이 각자의 옛 추억과 함께 키스카에 모였다. 50년 전에는 적과 아군으로 대립했던 사이였지만, 키스카의 냉엄한 자연에서 총구를 겨눴기 때문인지 서로 거리낌 없이 옛일들을 추억했다.

그렇게 모인 사람은 모두 열두 명이었다. 이들은 키스카에 닷새 동안 머물렀다. 비록 전쟁을 경험하지 못한 나였지만, 이번 만남은 무척 소중하게 간직될 것이다. 함께 산을 오르고, 당시 어떤 일들이 벌어졌는지 이야기를 들으면서 전적지를 찾아다녔다. 툰드라에 흩어진 녹슨 고사포, 모래밭에 좌초한 순양함, 특공대들이 착용했던 특수 잠망경……. 돌아올 연료를 준비하지 않고 출격한 2

인승 잠수함도 보였다.

"방금 어떤 미국인이 나한테 그러더군요. 일본인은 목숨을 너무 소홀히 했다구요. 그러면서 앞으로는 목숨을 소중히 여기라고 합디다."

그날 밤, 텐트 안에서 스가노 씨가 혼잣말처럼 중얼거렸다. 함께 섬에서 탈출하지 못한 친구들에 대한 그리움으로 목소리가 가늘게 떨렸다. 아마도 그의 가슴은 착잡한 심정으로 가득 찼을 것이다.

8월의 키스카에는 꽃들이 만발했다. 드디어 위령제가 시작되었다. 스가노 씨가 일본 대표로 조문을 읽었다. 그는 여러 번 말문이 막혀 눈물을 닦곤 했다. 식이 끝난 후 내 손을 꼭 잡으며 이렇게 말했다.

"호시노 씨, 이제 내가 할 일은 다 끝난 것 같아요."

나는 무슨 말을 해야 좋을지 몰라 한동안 그렇게 가만히 있었다. 그날 마침내 스가노 씨의 길고 긴 전쟁이 끝났다.

마지막 날, 알류샨은 노병들에게 선물을 건네듯 화창한 날씨를 선사했다. 그들은 각자 추억이 잠긴 흔적들을 찾아 섬을 배회했다. 깎아지른 듯이 솟아 있는 벼랑 풀숲에서 조지가 혼자 캔버스에 무언가를 그리고 있다. 그림을 좋아하는 조지는 전쟁이 끝난 후 고향의 대학에서 미술을 가르쳤다고 한다. 나도 근처 풀밭에 앉아 여름의 마지막 태양을 쬐었다. 조지는 50년 전과 달라진 게 없다며 전쟁이 꿈만 같다고 말한다.

"당신에게 전쟁은 어떤 의미였나요?"

조지는 붓을 잠시 멈추고 베링 해를 바라보며 생각에 잠겼다.

"전쟁이 내 인생에 남긴 무게를 아직도 잘 모르겠어요. 그때 나는 아주 젊었어요. 전쟁이 끝나고 아내를 만나 결혼했죠. 그리고 아내가 죽었어요. 아내의 죽음도 내겐 전쟁이었습니다. 전우들이 여러 번 모임에 초대했는데 가지 않았어요. 사오 년 전부터 다시 나가기 시작했죠. 재혼을 했거든요. 나는 지금도 궁금해요. 키스카가 전쟁터였는지, 아니면 돌아온 내 집에서의 생활이 전쟁터였는지."

뿜어 오르는 기류에 몸을 실은 흰머리수리가 유유히 하늘을 날아다닌다. 북태평양의 이 외로운 섬은 세계적으로도 매우 귀중한 자연의 보고이다. 나는 조지가 했던 말이 내내 머릿속을 떠나지 않았다. 그의 전우 중에 새를 무척이나 좋아했던 친구가 있었다고 한다. 조지의 부대가 키스카에 주둔하고 있을 때 그 친구는 새에 정신이 팔려 임무를 소홀히 했고, 결국 강제로 전역당했다는 것이다. 그런데 전쟁이 끝나자마자 스미소니언박물관의 연구원이 된 그 친구는 몇 년 후 키스카를 다시 찾았다고 한다.

키스카를 떠나기 전날 밤, 조지가 나에게 다가와 말했다.

"미치오, 그때도 나는 키스카의 황량한 풍경에 매료되어 매일 그림을 그렸어요. 주로 바다를 그렸는데, 오늘 다시 와 보니 발밑이 더 아름답더군요. 툰드라의 작은 꽃들, 바람에 흔들리는 풀, 아름다운 이끼 같은 것들 말이에요. 오십 년 만에 깨달았어요. 여기가 얼마나 아름다웠는지."

파일럿의
죽음

페어뱅크스의 가을이 올해는 유난히 더욱 따사로웠다. 그러나 이토록 슬픈 마음으로 가을을 맞이하게 되리라고는 생각하지 못했다. 파일럿인 로저 다윈이 비행기 추락으로 사망하고 말았다.

  최근 1~2년 동안 내가 알고 있는 몇 사람의 파일럿이 계속해서 목숨을 잃었다. 그러나 설마 로저가 죽으리라고는 상상조차 한 적이 없었다.

  "한 시대가 끝났군."

많은 동료들이 로저의 장례식장에서 이렇게 중얼거렸다. 로저의 죽음은 실제로 알래스카에서 활동 중인 파일럿들에게 한 시대의 종말을 고하는 사건이었다. 그렇다. 정말 한 시대가 끝나버렸다.

로저는 알래스카 북극권에서 인정하는 최고의 파일럿으로 그의 이름은 이곳에서 곧 전설로 통했다. 여러 가지 불가능한 비행을 이룩해낸 사람이었다. 그런 의미에서 로저는 한 시대를 대표하는 파일럿이었다. 하지만 로저는 그런 영광스런 파일럿의 이미지와는 전혀 어울리지 않는 사람이기도 했다.

로저는 부끄러움을 잘 탔다. 그러면서도 사람을 무척 좋아했고 천성적으로 유머 감각이 뛰어났다. 아찔했던 비행 순간에도 로저는 웃으면서 옆사람에게 농담을 건넬 정도였다. 한번 웃기 시작하면 쉽게 멈추질 못했는데, 네모진 얼굴은 더욱 커졌고 눈초리는 한없이 내려갔다. 그러나 웃음 띤 표정이 왠지 서글퍼 보이기도 했다. 로저는 한마디로 사람의 마음을 따뜻하게 만들 줄 아는 사람이었다. 한 번이라도 만난 사람은 그를 잊지 못했다. 그는 늘 다른 사람에게 추억을 안겨줬다.

8월 29일, 로저는 눈보라가 몰아치는 브룩스 산맥을 비행하다가 기상악화로 교신이 끊어졌다. 그때 나는 돈 로스를 생각하고 있었다. 알래스카 북극권을 함께 날아다닌 돈과 로저는 둘도 없는 친구였다. 나는 두 사람이 함께 있는 모습을 볼 때마다 가슴이 훈훈했다.

며칠 후 알래스카의 모든 파일럿들이 브룩스 산맥의 인디언 마을인 아크티크 빌레츠에 집결했다. 행방불명된 로저를 찾기 위해서였다. 이윽고 수색이 시작되었지만 이미 첫눈에 덮인 산 한가운데서 로저의 흰 경비행기를 찾는다는 것은 여간 힘든 일이 아니었다. 날씨는 점점 나빠졌다. 잘못하다간 다른 비행기들이 조난당할 위험이 있었다. 그러나 돈은 끝까지 포기하지 않았다. 로저의 비행 루트를 더듬으며 겨울이 시작된 브룩스 산맥을 샅샅이 뒤졌다. 그렇게 봄이 찾아왔고, 사람들이 더 이상 로저를 찾을 수 없다며 체념하고 있을 때 돈은 신지크 골짜기 위쪽에서 그토록 찾아 헤맸던 로저의 비행기를 발견했다.

날씨가 화창한 9월의 어느 일요일이었다. 공항 변두리의 소형 비행기 수납고에서 로저를 추모하는 모임이 계획되었다. 농구 코트만 한 장소에 200여 명의 친구들이 모였다. 이 수납고는 로저가 평소 자신의 비행기를 점검하거나 수리하던 곳이었다.

두런두런 이야기를 나누며 각자 싸온 점심을 먹었다. 수납고 곳곳에 로저의 앨범과 사람들이 보낸 편지가 눈에 띄었다. 다들 편한 옷차림으로 거리낌 없이 돌아다녔다. 동네 개들도 여기저기 떨어진 음식들을 주워 먹었다. 알래스카다운, 그리고 생전의 로저가 원했던 그런 추도회가 되었다.

그때 돈이 커다란 종이를 벽에 붙였다. 그리고 매직으로 "토하지 않아줘서 정말 고맙다"라고 썼다. 로저가 늘 옆에 탄 사람에게 입버릇처럼 했던 말이었다. 로저는 최고의 파일럿답게 웬만한 강심장이 아니고서는 할 수 없는 비행만 골라서 했다. 당연히 그의 옆자리에 탄 사람들은 비행이 끝나기 무섭게 화장실로 달려가곤 했다. 이 말은 알래스카 파일럿 사이에서 가장 흔하게 사용되는 유행어였다.

즐거운 분위기 속에서 로저의 영혼을 보내고 싶어 하는 돈의 마음이 느껴졌다. 나는 돈과 마주칠까 봐 걱정이 되었다. 그의 얼굴을 보자마자 눈물이 쏟아질 것 같았다.

수납고는 로저를 그리워하는 사람들로 가득 찼다. 다들 눈물이 그렁그렁했다. 『알래스카의 파일럿』이라는 책을 쓴 킴 히콕도 보였다. 그는 이 책에서 로저와의 추억을 다음과 같이 묘사했다.

"……경비행기는 신지크 골짜기로 접어들었다. 강 위를 아슬아

슬하게 스쳐 지나가자 로저는 풍향을 확인했다. 그리고 몇 번인가 상공을 선회한 후 강가에 착륙했다. 기체가 멈췄을 때 강 수면까지는 불과 1미터 남짓 떨어져 있었다. 바싹 긴장한 채 뒤에 타고 있던 퇴역 파일럿이 중얼거렸다.―30년간 보잉 여객기를 몰았는데, 오늘에야 내가 컴퓨터만 두드렸다는 것을 깨달았소. 당신이야말로 진짜 파일럿이오."

사람들이 계속 찾아와서 모임은 예정시각을 한 시간이나 훌쩍 넘긴 후에야 시작되었다. 어느새 회장은 사람들로 북적거렸다.

진행은 돈 로스와 브룩스 산맥 가이드인 짐 존스가 맡았다. 먼저 돈이 주머니에서 뭔가를 꺼내 읽기 시작했다. 자신이 쓴 자작시였다. 순간 짐이 소리쳤다.

"파일럿이라는 작자가 시를 쓰다니! 이건 파일럿에 대한 모독이다!"

심각했던 사람들이 웃음을 터뜨렸다. 짐 역시 로저의 친구답게 사람들의 마음을 살피는 데 일가견이 있었다.

돈의 시는 매우 간단했다. 주로 로저와 함께 알래스카 북극권을 날아다녔던 지난날에 대한 그리움이었다. 태곳적부터 되풀이되어 온 웅대한 카리부의 여행, 여름 툰드라를 가득 메우는 작은 꽃들,

그곳을 빠져나가는 바람, 그리고 생명은 유한할 수밖에 없다는 알래스카의 가르침을 올해부터는 혼자 배워야 한다는 사실이 슬프기만 하다는 돈의 시구 한줄한줄이 낭송될 때마다 여기저기서 훌쩍거리는 소리가 들렸다.

다음은 짐의 차례였다. 제목은 '스팸을 좋아했던 사나이'였다. 스팸이란 값싼 통조림 햄으로 형편없는 음식을 비유할 때 자주 사용되는 말이다. 그런데 로저는 실제로 이 스팸을 무척이나 좋아했다. 사람들은 짐의 재치에 또 한 번 웃었다. 어떤 사람은 웃으면서 눈물을 흘렸다. 나 역시 아무에게나 스팸을 권하던 로저의 친근한 모습이 떠올라 웃으면서도 가슴이 쓰렸다.

그 뒤로는 한 사람씩 돌아가면서 로저에 대한 추억을 이야기했다. 차례는 정하지 않았고, 한 사람의 얘기가 끝나면 누군가 다른 이야기를 하는 식이었다.

나도 무엇인가 이야기하고 싶다는 생각이 간절했지만, 목이 메어 결국 아무 말도 하지 못했다. 나는 몇 해 전에 있었던 일을 이야기할 생각이었다. 이른 봄이었는데, 로저와 함께 촬영을 하고 있었다.

우리는 이른 봄이 시작된 브룩스 산맥을 빠져나와 북극해로 향하고 있었다. 카리부의 계절이동을 촬영하기 위해서였다. 그 해에 로저는 처음으로 조그마한 비디오카메라를 하나 구입했는데, 페어뱅크스를 떠나기 전부터 이 카메라로 촬영을 하기 시작했다. 나는 브룩스 산맥에 도착할 때까지 로저가 들이미는 렌즈를 향해 계속 이야기를 하느라 지쳐버렸다. 그는 마치 어린아이처럼 들떠 있었다. 그때 찍었던 테이프가 지금도 내 방에 있다.

우리는 콩가크트 강에 베이스캠프를 차릴 예정이었지만 생각보다 눈이 일찍 녹아 착륙할 곳이 마땅치 않았다. 결국 오버플로 아이스(얼어붙은 강의 틈바구니에서 내뿜어진 물이 다시 얼어붙은 상태)에서 테스트 랜딩(착륙 실험)이 시작되었다. 비행기에 장착된 스키가 얼어붙은 강 표면에 닿을 때마다 쩌쩌 갈라지는 소리가 들렸다. 너무 위험하다고 말렸지만 로저는 자신 있다며 나를 안심시켰다. 그런 로저도 나중에는 "그렇게 위험한 랜딩은 생전 처음이었다"라고 털어놓았다. 마지막 테스트를 시도할 때 얼음에 커다란 균열이 생기고 말았다. 하지만 다행히 아무런 사고 없이 착륙에 성공했다. 기온은 영하였지만, 우리 둘은 옷이 축축하게 젖을 정도로 땀이 흥건했다.

모임이 막바지에 이르렀다. 모두의 마음을 로저에게 전하기 위해 작은 풍선을 나눠 가졌다. 수납고의 거대한 문이 열리자 밖에는 가을의 푸른 하늘이 청명하기만 했다. 차가운 바람이 오늘따라 시원하게 느껴졌다. 그때 경비행기 한 대가 활주로를 달려 이륙하는 모습이 보였다.

  로저가 좋아했던 음악이 흐르면 우리는 손에 쥔 풍선을 하늘에 띄워 보내기로 했다. 이번 추도회의 마지막 하이라이트였다. 모두들 풍선 끈을 쥔 채 각자 로저와의 추억을 떠올리며 마지막 작별을 준비했다. 그런데 로저가 좋아하는 음악 대신 엉뚱한 음악이 울려 퍼지기 시작했다. 우리는 또다시 웃고 말았다. 모든 것이 로저다웠다. 그래도 풍선은 푸른 가을 하늘 저편으로 한없이 올라갔다.

  돈은 수납고 벽에 기대어 말없이 이 모든 풍경을 지켜보고 있었다. 나는 이제 그의 얼굴을 볼 수 있을 것 같았다.

  "돈, 정말 좋은 모임이었어."

  "그러게 말야. 로저도 좋아했을 거야."

  돈은 며칠 내에 다시 한 번 브룩스 산맥을 비행해야 한다. 나도 코바크 강 유역에서 카리부를 촬영해야 한다. 각자의 인생이 또다시 시작된 것이다.

  올해는 단풍이 유난히 화사했다. 해마다 가을은 계속되는데, 조금씩 빛깔이 달라지는 단풍을 볼 때마다 지나간 세월들이 더욱 그립기만 하다.

결과가 내 뜻대로 되지 않았다고 해서
실패라는 단어를 생각해서는 안 된다.

결과에 상관없이 지나온 시간이 존재하기 때문이다.
인생에서 진정 의미를 갖는 것은 결과가 아니라

그렇게 쌓인 시간들이다.
그리고 이런 시간들이야말로 진정한 의미의 인생일 것이다.

여행하는 나무

여행을
떠나는
나무

페어뱅크스의 목공 도구점에서 우연히 롤리를 만났다.
 "이 년 만이지? 지금 어떻게 지내?"
 "목공일을 하고 있어. 어렸을 때부터 했던 일이거든. 아 참, 오월에 몇 번 전화했었는데 안 받더라구. 다른 친구들도 미치오가 요즘 어떻게 지내는지 궁금해하고 있어. 사실은 빌 플레이트가 삼십 년 만에 페어뱅크스로 돌아왔거든. 전에 빌 플레이트를 한번 만나는 게 소원이라고 그랬지?"

빌 플레이트! 이 얼마나 기다렸던 이름인가.

1979년 알래스카에 처음 도착했을 때 계절은 여름이었다. 나는 곧장 알래스카 북극권인 케이프 톰슨으로 출발했다. 케이프 톰슨은 베링 해에 돌출한 반도의 끝이었다. 데이브 로잔이라는 조류학자와 함께 해저조사를 하기 위해서였다.

바다까마귀와 갈매기의 천국인 케이프 톰슨은 알래스카 북극권에서도 조류 번식지로 유명한 곳이었다. 벼랑 한쪽에 검풍수리 둥지가 있었는데, 매일 아침 고무 보트를 타고 새끼의 성장을 쌍안경으로 확인하는 것이 일과였다. 베이스캠프로 돌아올 저녁 무렵, 보트 바로 곁에서 돌고래가 뿜어대는 바닷물에 깜짝깜짝 놀라던 일이 지금도 가끔 생각나곤 한다. 카리부를 처음 본 것도 케이프 톰슨이었다.

우리는 툰드라에 엎드려 손수건을 흔들면서 카리부의 호기심을 자극했고, 그때마다 이 거대한 초식동물은 무언가를 씹으며 우리들 곁을 지나가곤 했다. 바닷가에서 회색 곰의 발자국을 발견한 적도 있었는데, 아쉽게 한 번도 만나지는 못했다. 근처에 마을이라고는 50킬로미터 떨어진 북쪽 해안의 에스키모 마을이 전부였다. 마을 이름은 포인트 호프였다.

우리는 날마다 알래스카 북극권의 대자연이 펼쳐놓은 캔버스 한가운데서 캠핑을 즐기는 기분으로 일했다. 첫여름을 케이프 톰슨에서 보낼 수 있었던 것은 지금 생각해도 큰 행운이다. 왜냐하면 그곳은 사람의 발길이 닿을 수 없는 장소였고 따라서 가장 깨끗하게 보존된 알래스카였다. 나는 이 여행을 알래스카가 베푼 일종의 '세례'라고 생각했다.

생물학자인 데이브는 아버지와 함께 어린 시절을 에스키모 마을에서 보냈다. 그래서인지 알래스카의 전설을 많이 알고 있었다. 밤이 되면 북극해의 파도소리를 배경 삼아 데이브는 알래스카의 옛 전설을 들려주곤 했다.

빌 플레이트에 관한 이야기가 어디에서 시작되었는지는 잘 모르겠다. 케이프 톰슨 해변에 시체처럼 널려 있던 빨갛게 녹슨 낡은 건물에 대해 데이브에게 물어본 적이 있었는데, 아마도 그때 빌 플레이트의 이름이 등장했던 것 같다. 어쨌든 빌과 데이브는 같은 생물학자로서 절친한 사이였다. 알래스카의 역사에서 빌 플레이트라는 이름이 차지하는 위치는 대단하다. 더불어 빌 플레이트의 삶에서 알래스카가 차지하는 비중 또한 지대하다. 그 둘의 이야기는 바로 이 작고 아름다운 해안에서 시작된다.

1960년 '수폭의 아버지'라고 불리는 에드워드 텔러는 미국원자력위원회와 함께 채리엇 프로젝트를 추진했다. 이 채리엇 프로젝트의 목적은 알래스카 북극권에서의 핵실험이었다. 알래스카에 단한 번도 가본 적이 없는 원자력위원회 소속 연구원들은 지도를 펼쳐놓고 케이프 톰슨이라는 낯선 이름을 지명했다. 내가 해변에서 봤던 그 건물들은 당시의 계획이 남긴 잔해였다. 그리고 당시 알래스카 대학의 젊은 연구원이었던 빌 플레이트는 원자력위원회가 고용한 생물학자 중 한 사람이었다.

원자력위원회는 빌 플레이트에게 환경평가를 맡겼다. 빌은 케이프 톰슨에 도착하자마자 이곳이 둘도 없는 야생동물의 천국임을 확인했고, 주변에 에스키모들이 상당수 거주하고 있다는 사실도 알게 되었다. 어린 시절부터 시튼의 책을 즐겨 읽었다는 빌 플레이트는 인간의 아집이 응축된 핵실험으로 인해 극북의 자연이 훼손당해서는 안 된다고 결론을 내렸다.

채리엇 프로젝트는 처음부터 미국 정부의 강력한 압박 속에 진행되었다. 실험에 부정적인 연구원들이 대학에서 쫓겨날 정도로 분위기는 삭막했다. 환경평가에 참여했던 연구원들은 이 프로젝트로 인해 알래스카가 방사능에 오염될 것이라는 사실을 알았지만, 아무도 이에 대해 입을 열지 않았다. 그때 빌 플레이트가 나섰다.

빌 플레이트는 채리엇 프로젝트의 원천적인 무효를 주장했다. 핵실험은 에스키모 마을과 북극권의 자연에 되돌릴 수 없는 상처를 입힐 것임을 경고했다. 이에 미국 정부는 알래스카 대학에 압력을 넣었고 빌은 이곳에서 해직당했다. 하지만 그의 이런 행동은 에스키모 사람들을 각성시키는 데 성공했다. 안전하다는 미국 정부의 말에 의구심을 품게 된 에스키모들은 반대운동을 시작했고, 곧이어 대규모 투쟁이 알래스카 전역에서 활발하게 이루어졌다. 결국 채리엇 프로젝트는 무산되고 말았다.

에스키모들과 핵실험 반대운동에 앞장섰던 빌은 프로젝트가 무산된 후 알래스카를 떠나 미국 본토의 대학으로 자리를 옮기려고 했으나, 미국원자력위원회의 방해로 여의치 않자 캐나다로 향했다. 한때는 FBI가 캐나다까지 손을 뻗쳐 빌을 감시했다고 한다. 그 후 만년까지 매니트바 대학의 동물학 교수로 활동했다.

알래스카 동물학의 고전인 『북극의 동물들(Animals of the North)』의 저자 빌 플레이트가 케이프 톰슨에서 데이브가 말했던 그 빌 플레이트였다는 사실을 알게 된 것은 케이프 톰슨에서의 생활을 마친 다음이었다. 이 책은 생물학 서적이라기보다는 알래스카의 자연을 옆사람에게 이야기하듯 들려주는 명작이다. 나는 아직도 당시에 이미 절판된 이 책을 보물처럼 간직하고 있다.

제1장의 제목은 '여행을 떠나는 나무'이다. 이른 봄, 한 마리 잣새가 등피나무에 앉아 그 씨앗을 빼먹고 있다. 낭비벽으로 유명한 이 새는 이번에도 어김없이 몇 개의 씨앗을 떨어뜨렸고, 등피의 씨앗은 갖가지 우연을 거쳐 강가 숲에 뿌리를 내리게 된다. 그리고 마침내 씨앗은 아름드리 등피나무로 성장한다. 오랜 세월이 지난 후 강의 침식 작용이 활발해졌고, 마침내 씨앗이 뿌리를 내린 곳까지 강물이 밀려온다. 몇 달 후 홍수가 범람했고, 등피나무가 된 씨앗은 유콘 강을 여행하다가 마침내 베링 해까지 떠내려간다. 그곳에서 만난 북극해류는 알래스카 내륙에서 태어난 등피나무를 머나먼 북쪽 툰드라 지대의 해안에 내려놓았다.

해안에 도착한 등피나무는 풀 한 포기 자라지 않는 툰드라에 뿌리를 내린다. 며칠 후 여우 한 마리가 찾아와 등피나무의 친구가 되어준다. 그러던 어느 날, 가난한 에스키모 소년에게 발견된 등피나무는 벌판에 외롭게 서 있는 소년의 오두막에서 땔감으로 그

생을 마감하고 만다. 하지만 그것으로 끝이 아니었다. 완전히 타버린 연기 속에서 새롭게 태어난 등피나무는 또다시 알래스카를 떠돌며 여행을 시작한다.

우화처럼 전개되는 알래스카의 묘사를 통해 나는 이 추운 대지에 깃든 진정한 따사로움이 무엇인지 알게 되었다. 그리고 빌 플레이트야말로 극북의 향기를 제대로 누릴 수 있는 몇 안 되는 사람이라고 생각했다. 하지만 안타깝게도 30년이라는 세월은 채리엇 프로젝트와 더불어 빌 플레이트라는 이름도 사람들의 기억 속에서 조금씩 밀어내버렸다.

그런데 작년 여름, 뜻밖의 사건이 벌어졌다. 채리엇 프로젝트의 기록을 조사하던 알래스카 대학의 도서관 직원이 오래된 자료더미에서 아무도 몰랐던 사실을 발견해낸 것이다. 그 일로 알래스카는 일대 소동에 휩싸였다. 사건의 진상은 30년 전 케이프 톰슨에 매장된 핵폐기물이 계획이 중단된 이후 아직까지 방치되고 있다는 것이었다. 아무리 소량일지라도 그 위험성을 무시할 수 없는 핵폐기물이 알래스카에 묻혀 있음을 알게 된 사람들은 엄청난 충격을 받았다.

그리고 며칠 후 알래스카 사람들은 채리엇 프로젝트를 상기시키는 또 하나의 뉴스를 듣는다. 캐나다 과학 아카데미에서 오랜 기간에 걸친 극북의 야생동물 연구업적을 인정해 빌 플레이트에게 아카데미 회원 상을 수여하기로 결정했다는 소식이었다.

돌이켜보면 채리엇 프로젝트는 알래스카의 에스키모에게 있어서도 매우 역사적인 사건이었다. 왜냐하면 유사 이래 처음으로 알래스카 벌판 곳곳에 뿔뿔이 흩어져 살았던 원주민들이 민족이라는 공감대를 형성해 외부의 압력과 싸웠기 때문이다.

롤리는 5월에 알래스카 대학 졸업식장을 방문하는 빌 플레이트에게 나를 소개시켜주기로 했다. 예전에 빌과 롤리는 서로 이웃해서 살았다고 한다. 그녀가 아직 어렸을 때 빌과 함께 알래스카 들판에서 캠핑을 할 정도로 친했다는 것이다.

30년이라는 세월이 흐른 뒤에야 빌은 자신의 업적을 알래스카에서 인정받게 되었다. 알래스카 대학은 그에게 명예박사학위를 수여하기로 결정했다. 알래스카의 자연과 이곳을 터전으로 살아가는 모든 사람들도 이 늙은 생물학자에게 감사의 마음을 전할 것이다.

"미치오에 대해 벌써 얘기해뒀어. 내 친구 중에 당신 책을 무척 좋아하는 일본인이 있다고 하니까 몹시 좋아하던걸."

빌 플레이트와 만날 수 있다는 것이 꿈만 같았다. 채리엇 프로젝트를 온몸으로 저지한 영웅 빌이 아니라 극북의 자연에 무한한 꿈을 안겨준 자연주의자 빌을 만나 진심으로 고맙다는 인사를 전하고 싶었다.

열여섯 살에
떠난
여행

많은 선택을 할 수 있었는데, 왜 나는 지금 여기 서 있는 것일까. 어째서 A가 아닌 B의 길을 걷고 있는 것일까. 아무리 알기 쉽게 설명하려고 노력해도 나는 합당한 이유를 발견하지 못한다. 모든 사람의 인생에는 저마다의 기로가 있게 마련이다. 그곳에서 어떤 선택을 하느냐에 따라 인생은 다른 대답을 내놓는다.

  내가 찾은 첫 번째 대답은 열여섯 살 때 방문한 미국이었다. 외국에 가는 것이 일상화된 오늘날과 달리 미국은 태평양의 끝에 위치한 머나먼 이국이었다. 배를 타고 바다를 건너 미국에 도착해 히치하이크를 하면서 방랑하듯 마음껏 여행할 수만 있다면……. 중학생 시절부터 남몰래 간직했던 나만의 꿈이었다. 학교에서 수업을 받다가도 미국을 여행하고 싶다는 생각이 들면 몸이 마구 달아오르는 것을 느끼곤 했다. 왜 하필 미국이었는지 모르겠다. 어쨌든 그곳에는 나를 위해 갖가지 모험이 준비되어 있다는 확신이 들었다.

함께 갈 친구도 미리 정해놓았다. 졸업식이 다가온 어느 날, 나는 그 친구를 운동장 한쪽 구석으로 불러내 계획을 털어놓았다. 오랫동안 생각해왔던 일이기 때문에 여행경비를 마련하는 것이며 미국에서 어떻게 생활할 것인지에 대해서까지 모두 이야기했다. 그런데 예상치 못한 일이 벌어졌다. "그거 재미있겠는데. 같이 가자"라고 말할 줄 알았던 친구가 멍한 표정으로 아무런 반응이 없었다. 지금 생각하면 당연한 일이었지만, 그때는 온몸에서 힘이 빠져나가는 듯한 실망감으로 무척 괴로웠다. 지금으로부터 25년 전 일이다.

결국 나는 고등학생이 되었다. 나는 혼자서 미국을 방문해야겠다고 결심했다. 아르바이트를 하면서 돈도 조금씩 모았다. 먼 친척이 요코하마 항에서 일한다는 이야기를 듣곤 무작정 그를 찾아간 적도 있다. 접시닦이라도 좋으니 배의 선원으로 일하게 해달라고 생떼를 부렸다. 이런 계획을 부모님과 주위 사람들에게 여러 번 이야기하고 도움을 청한 적도 있다. 하지만 누구 한 사람 나의 진심을 믿어주지 않았다. 열여섯 살짜리 소년이 미국을 혼자 여행하겠다니, 그저 우스갯소리로 흘려보냈던 것이다. 하지만 어린 소년의 치기가 아니었기에 나는 정말 진지했다.

 그때 오직 한 사람 내 계획에 귀를 기울여준 사람이 있었다. 바로 아버지였다. 아버지는 정말 미국을 여행하고 싶다면 경비를 보태주겠다고 말씀하셨다. 샐러리맨이었던 아버지에게 결코 적은 돈이 아니었을 텐데, 그리고 아직 어리기만 한 자식을 자기 자신조차 가본 적이 없는 낯선 외국으로 보낸다는 것이 쉬운 결정은 아니었을 텐데, 아버지는 나의 마음을 이해했고, 또 내 결정을 존중해주고 싶어 하셨다.

 1968년 여름, 마침내 나는 아르헨티나 호라는 배에 승선했다. 브라질을 거쳐 로스앤젤레스까지 향하는 오래된 이민선이었다. 배를 타고 요코하마 항을 나오기 무섭게 나는 갑판으로 뛰어나갔다. 검푸른 바다가 눈앞에서 넘실거렸다. 아찔할 정도로 정신이 혼미했다. 세상이 이토록 넓다는 것에 입이 다물어지지 않았다. 드넓은 태평양을 건너 다른 나라로 향한다는 것은 지구가 얼마나 넓은지를 확인시켜주었다. 광활한 태평양과 한없이 푸르른 하늘에 나는 완전히 압도당했다. 매일 밤 갑판에서 별자리를 확인하고, 물결치는 태평양 소리에 귀를 기울이다 잠이 들곤 했다. 이렇게 며칠씩 바다를 보다가 문득 인간이 살아가는 육지가 참으로 보잘것없다는 생각이 들었다. 바다야말로 지구의 진정한 주인이라고 믿게 되었다. 바다는 끝없는 상상력과 인간의 일생이 순간에 불과하다는 진리를 가르쳐주었다.

두 주일이 지나자 수평선에 로스앤젤레스 해변이 보이기 시작했고, 며칠 후 배는 미국에 도착했다. 짐이라곤 미군들이 쓰다 버린 군용 배낭이 전부였다. 그 안에 텐트와 침낭, 버너, 지도 따위가 들어 있었다.

도시에서 떨어진 변두리 항구였기 때문에 오가는 사람도 드물었다. 아는 사람도, 당장 묵을 장소도 없었다. 나는 어디로 가야 될지 몰라 한쪽 구석에 멍하니 앉아 있다가 무작정 걷기 시작했다. 오늘 밤은 어디로 돌아가야 할 필요가 없다. 어느 누구도 나를 오라고 하지 않는다……. 어린 마음에 얼마나 신선한 체험이었는지 모른다. 불안감 따위는 손톱만큼도 없었고 오히려 소리를 지르고 싶을 만큼 가슴이 뿌듯했다. 로스앤젤레스에 텐트를 칠 만한 장소가 있을 리 만무했다. 그날 밤은 변두리의 싸구려 여인숙에서 지내기로 했다. 정체를 알 수 없는 사람들이 들락거리는 무척 위험한 곳이었다. 지금 생각하면 아찔하기만 한데, 그때는 세상물정을 몰랐기에 겁도 없었다. 그저 밤새도록 싸우는 소리가 그치질 않아 시끄럽다는 생각만 들었다.

당시 미국은 케네디 대통령과 킹 목사의 암살, 그리고 베트남전쟁과 흑인폭동으로 혼돈이 극에 달한 시점이었다. 그러나 이런 사실을 알 턱이 없는 내게 미국은 그저 난생 처음 방문한 여행지에 불과했다.

어느 날 일몰 직전에 그랜드캐니언에 도착했다. 그 웅대한 자연을 바라보는 것만으로도 새로운 사람으로 태어나는 기분이었다. 작은 텐트 속에서 지낸 첫 번째 야영은 내 삶에 뿌려진 씨앗과 마찬가지였다. 결국 그 씨앗은 뿌리를 내리고 잎사귀를 펼쳐 나를 알래스카로 인도했다.

그 시절 PPM(피터 폴 앤드 메리)이라는 미국의 포크그룹이 일본에서도 상당한 인기가 있었다. 나는 뉴욕에 도착하면 꼭 한 번 공연을 보러 갈 생각이었다. 가능하면 직접 만나서 사인이라도 한

장 받을 속셈이었다. 그러나 돈이 부족해 공연장에 들어갈 수 없었다. 그래서 그리니치 빌리지에 위치한 그들의 사무소를 찾아갔다. 지금 생각하면 부끄럽고 황당한 일이지만 또 한편으로는 그리운 추억이기도 하다.

그레이하운드 버스를 타고 남부의 애틀랜타, 내슈빌, 뉴올리언스 등도 둘러봤다. 버스에서 내리자마자 거리는 온통 흑인들뿐이었다. 화장실, 핫도그, 햄버거 같은 여러 가지 미국문화가 뒤섞인 그레이하운드 버스 정류장은 지금도 그리운 어린 시절의 향수처럼 떠오른다.

미국의 평원을 달리는 버스 안에서 바라본 석양과 새벽 별은 요즘에도 가끔 꿈에 나타나곤 한다. 이곳에서 나는 매일 새로운 사람을 만났고, 헤어졌다.

도중에 나는 방향을 바꿔 멕시코로 향했다. 고대문명의 유적지를 둘러보면서 유카탄 반도의 끝까지 가보았다. 어느 날 저녁, 메리다라는 작은 도시에서 길을 잃고 말았다. 아무리 걸어도 골목길에서 빠져나갈 수가 없었다. 때마침 지나가던 경찰을 만나 간신히 숙소로 돌아갔다. 어린 마음에도 처음으로 위험하다는 긴장감이 들었다.

캐나다에서는 히치하이크로 만난 가족과 열흘이나 함께 지냈다. 25년이 지난 지금도 그들과 연락을 주고받고 있다. 작년에 오랜만에 부부가 사는 캐나다의 에드먼트를 방문했다. 당시 일곱 살 소녀였던 비린다는 캐나다에서 영화배우가 되었고, 열두 살이었던 도널드는 다큐멘터리를 제작하고 있다.

"그날 국도에서 히치하이크를 하고 있던 미치오를 그냥 지나쳤는데, 비린다가 태워주자고 계속 떼를 쓰는 거야."

머리가 희끗희끗해진 비린다의 어머니가 내 손을 어루만지며 이야기했다.

많은 사람들을 만났고, 또 그들의 도움을 받으면서 나는 2개월의 여행을 무사히 마쳤다. 종착지인 샌프란시스코에 도착한 날, 나는 가장 커다란 햄버거와 코카콜라를 샀다. 그리고 나 자신에게 축하인사를 건넸다.

되돌아보면 열여섯이라는 나이가 너무 어렸던 것 같다. 메모도 하고 사진도 찍으면서 좀 더 여유롭게 보람된 여행을 즐겼으면 어땠을까라는 아쉬움이 남는다. 그때는 너무 긴장한 나머지 평생 단 한 번뿐인 경험을 너무 쉽게 흘려보냈다. 하지만 내 삶에서 당시의 여행은 무엇과도 바꿀 수 없는 보물이다. 그토록 재미있게 지냈던 날들이 두 번 다시 찾아오지 않았기 때문이다.

나는 혼자였고, 많은 위험도 겪었다. 그러나 위험한 순간들을 무사히 넘길 때마다, 또 내가 혼자라는 고독을 체감할 때마다 마음이 성장하는 것이 자연스레 느껴졌다. 그날그날 내가 선택하는 일상이 대본 없는 연극처럼 새롭기만 했다. 내 평생 처음 겪어보는 신비로운 감정이었다. 버스 한 대를 놓치면 전혀 다른 체험이 나를 기다리고 있을 것 같은 그런 기분이었다.

인생은 만남의 연속이라는 것, 꼭 사람이 아니더라도 내가 만나는 세계의 모든 부분이 곧 나의 인생이라는 것을 어렴풋이 느꼈던 여행이었다.

여행을 마치고 돌아오자 다시 일본의 평범한 고등학생으로서의 일상이 시작되었다. 하지만 여행을 떠나기 전과 후의 나는 너무나 달랐다. 나는 이미 세계가 얼마나 넓은지 잘 알고 있었다. 그 어떤 것도 내 마음을 슬프게 만들거나 구속할 수 없었다. 미국 여행을 통해 진정한 나를 만났으니까.

지금 이 순간에도 세계 곳곳에서 나와 다른 가치관들이, 나와 똑같은 시간을 살아가고 있다. 여행은 내가 살고 있는 세계와 내가 살 수 없는 세계를 구별해주었고, 보이지 않는 것까지 볼 수 있게끔 만들어주었다. 그것은 내 인생에서 매우 소중한 경험이었다. 그래서 알래스카에서도 나는 그때 배웠던 가르침들을 그대로 실천하고 있다.

아내와
함께
알래스카에서

일요일 아침부터 무척 바쁜 하루가 시작되었다. 우리 집에서 처음으로 대규모(?) 파티가 열릴 예정이었다. 초청장도 모두 보냈고, 집도 깨끗이 청소했다. 파티라는 거창한 단어를 썼지만 실은 뻔한 수준의 모임이다. 다들 청바지 차림에 장화를 신고 올 것이다. 그래도 누구 한 사람 탓하는 법이 없다. 그게 알래스카의 전통이다. 이곳에서는 겉모습이나 직함 따위로 사람을 구별하지 않는다.

한 달 전에 일본에서 결혼을 했다. 신혼여행을 다녀와 며칠 전에야 알래스카로 돌아왔다. 오늘 모임은 결혼식에 참석하지 못했던 페어뱅크스의 친구들을 위해 특별히 준비한 자리였다.

집 앞의 자작나무에 풍선을 매달고, 연어를 굽는 데 필요한 모닥불도 마련했다. 집 안팎에 테이블을 장식하는 작업도 마쳤다. 이제 아이들까지 합쳐서 100명에 가까운 사람들이 우리 집을 방문하는 일만 남았다.

알래스카에 온 지 며칠 안 된 아내는 벌써부터 걱정스러운 눈치가 역력하다. 가뜩이나 영어가 서툴다고 혼자 투덜거리고 있었는데, 내 친구들이 하는 말을 알아듣지 못할까 봐 초조한가 보다. 게다가 이렇게 큰 파티 준비를 하는 것도 처음일 것이다. 나는 되도록 빨리 알래스카 친구들에게 아내를 소개해주고 싶었다. 앞으로 이곳에서 살아가려면 사람들의 도움이 필요하니 하루빨리 그들과 친해지는 것이 아내를 위한 일이다.

"당신이 영어를 못해도 신경 쓸 사람은 없어. 그러니까 너무 걱정하지 마. 다들 좋은 사람들이야. 앞으로 여기서 살려면 이 사람들의 도움을 많이 받아야 한다구. 조금 낯설어도 친절하게 대해주면 금방 친해질 거야."

나도 모르게 긴장했는지 말이 길어진다.

나는 이번 기회에 알래스카 사람들에게 그동안 미뤄왔던 말을 해주고 싶었다. 이곳에서 생활한 지 15년이 지났다. 친구들의 도움이 없었다면 견디지 못했을 것이다. 몇 년 전까지만 해도 수도는커녕 화장실도 없는 작은 오두막을 빌려 생활했다. 그러나 지금은 내 이름으로 토지를 구입하고 집을 지었다. 어제까지 알래스카의 여행자였다면 오늘부터 한 사람의 당당한 주민이 된 것이다. 나는 친구들에게 이 말을 들려주고 싶었다.
　알래스카에서 여생을 보내야겠다고 생각한 직후부터 이곳에 대한 인식이 조금씩 달라지기 시작했다. 그동안 알래스카는 어디까지나 낯선 타국이었다. 알래스카의 대자연도 마찬가지였다. 마치 표를 예매해야 볼 수 있는 극장의 영화처럼 지극히 객관적인 대상에 불과했다. 하지만 이곳에 뿌리를 내려야겠다고 다짐한 후부터 모든 게 달라졌다. 예를 들어 간혹 벌판에서 마주치는 늑대조차 왠지 낯설지가 않다. 그 전에는 늑대의 모습을 사진에 담느라 정신이 없었다면 지금은 내가 지키고 보존해야 할 나의 일부처럼 느껴진다. 야생동물뿐 아니라 이곳에서 함께 살아갈 사람들 또한 마찬가지였다. 어제까지 그저 친한 동료로 생각되던 사람들이 이제는 내 가족처럼 다가오는 것이었다.

저녁이 되자(저녁이라고는 하지만 이미 백야의 계절이다. 태양은 대낮처럼 환하다) 사람들이 하나둘씩 모여들기 시작한다. 반가운 얼굴들이 보일 때마다 어린아이처럼 가슴이 뛴다. 사람들은 이곳 풍습대로 각자 먹을 음식을 한 접시씩 가져왔다.

알래스카 대학 야생동물학부 시절의 담당교수였던 프레드 딘과 아내 수잔도 찾아왔다. 몇 년 전까지만 해도 곰 전문가인 프레드와 매킨리 국립공원을 함께 떠돌곤 했었다. 그러나 5년 전 수잔이 갑작스럽게 암에 걸리면서 더 이상 프레드와 함께 할 수 없었다. 다행히 올해부터 프레드는 활동을 재개했다. 수잔도 건강해 보여 안심이 되었다.

인디언 알과 아내 게이가 어린 자녀들을 데리고 천천히 걸어오는 모습이 보였다. 정말 오랜만에 만나는 친구다. 알과 나는 알래스카 대학에 입학하던 날 처음 만났다. 야생동물학부 접수창구 앞에 서 있던 알의 모습이 지금도 눈에 선하다. 어깨까지 기른 머리와 무스 가죽으로 만든 옷, 마흔 가까운 나이로 보였던 알은 자신이 인디언이라는 것을 무척 자랑스럽게 생각하는 사람이었다. 알은 같은 동양인인 나에게 처음부터 호감을 느꼈고, 나 역시 인디언 친구를 알게 되어 무척 즐거웠다. 그때부터 우리는 함께 다녔다. 알래스카를 여행할 때마다 알과 함께였다. 알래스카에 이토록 빨리 적응할 수 있었던 것도 모두 알 덕분이었다.

  알은 유콘 강변의 인디언 마을에서 태어났는데, 결혼식도 그곳에서 했다. 가을의 화창한 날씨를 배경으로 거행된 알의 결혼식은 내 평생 잊지 못할 것이다. 알의 신부였던 게이는 뉴욕 태생의 백인이었다. 당시만 해도 백인이 인디언과 결혼한다는 것은 상상조차 하기 힘들었다. 게이는 알을 진심으로 사랑했지만, 솔직히 나를 비롯한 많은 친구들은 둘의 관계가 얼마나 지속될지 반신반의했다. 세월이 흘러 이렇게 다 자란 아이의 부모가 되어 우리 집을 방문한 알과 게이를 보니 나도 모르게 눈시울이 붉어졌다.

  알의 부드러운 시선은 그때나 지금이나 변한 게 없다. 대자연에서 태어난 알에게 사람의 인생은 자연의 일부일 뿐, 그 이상도 이하도 아니었다. 그런 알이 나는 늘 믿음직스러웠다. 어느 날 알과 함께 툰드라에서 야영을 한 적이 있었다. 그때 잔뜩 찌푸린 하늘을 보며 "비가 오지 않았으면 좋겠는데……"라고 중얼거리자 알은 웃으면서 말했다.

  "미치오, 그런 걱정하지 마. 비가 올 때는 다 이유가 있어서 오는 거야. 그칠 때가 되면 자연히 그쳐."

그 후 나름대로 힘든 고비가 찾아올 때마다 알의 목소리가 견딜 수 없이 그리워지곤 했다.

델타젠쿠션에서 알프레드도 찾아왔다. 어느 겨울날, 알래스카 고속도로에서 자동차가 고장난 적이 있었다. 영하 40도까지 내려간 무시무시한 날이라 지나가는 차도 없었다. 그때 나를 구해준 사람이 알프레드였다. 그는 알지도 못하는 나를 위해 200킬로미터쯤 떨어진 시내까지 내 차를 끌고 갔다. 그리고 자동차 수리가 끝날 때까지 나는 사흘 동안 알프레드의 집에 머물렀다. 그 후 우리는 가족처럼 지냈다.

알래스카 북극권을 함께 날아다닌 돈 로스가 특유의 걸음걸이로 문 앞을 서성인다. 가을마다 블루베리를 함께 따곤 했던 메이블이라는 에스키모 친구는 여든이 다 된 노모와 함께 왔다. 문화인류학자인 고故 오카 마사오 씨와 역시 세상을 떠나고 없는 메이블의 아버지 파니아크는 둘도 없는 친구였다. 그들의 우정은 아름다운 전설처럼 내 기억 속에 남아 있다. 유언에 따라 두 사람은 아나토크부크파스 마을 벌판에 나란히 묻혔다.

갑자기 비가 오기 시작해서 100명 가까운 사람들이 우리 집으로 한꺼번에 들어왔다. 이제야 알래스카답게 자유로운 파티가 시작되었다. 계단에 앉아 이야기를 나누거나 주방과 현관, 난로 주변에 모여 가져온 음식을 나눠먹었다. 나는 너무 기뻤다. 처음 준비한 파티라 약간 걱정스러웠지만, 너무 잘했다는 생각이 들었다.

아내는 사람들의 인사를 받느라 정신이 없다. 알래스카의 추운 겨울을 아내가 얼마나 견딜 수 있을지 조금 염려스럽다. 도시에서만 살았던 아내가 과연 아무것도 없는 이곳 환경에 잘 적응할 수 있을까. 내겐 당연한 일들이 아내로서는 난생 처음 겪는 일이 될 수도 있다. 카메라맨으로 활동 중인 킴이 아직 영어가 서툰 아내에게 천천히 이야기를 건넨다.

"내가 하는 말을 잘 기억해야 돼요. 여기선 아주 중요한 말이거든요. 추운 곳이 따뜻한 곳보다 사람의 마음을 더 훈훈하게 만들어줘요. 떨어져 있으면 사람과 사람이 더 가까워져요."

킴은 천천히 같은 말을 되풀이했다. 조용히 듣고 있던 아내가 생긋이 웃었다. 아내는 틀림없이 알래스카에서 살아가는 방법을 배우게 될 것이다. 나는 그런 확신이 들었다.

나의 영웅
빌 플로

초봄의 상쾌함이 사람의 기분을 나른하게 만들던 어느 날, 나는 페어뱅크스 시내에 사는 빌 플로를 찾아갔다. 특별히 만나서 해야 될 이야기가 있었던 것도 아니고 약속을 정했던 것도 아니다. 그저 오늘따라 올해 75세인 빌이 만나고 싶어졌다. 누구나 살아가면서 때때로 격려가 필요한 순간이 있다. 만약 내 삶에서 그러한 순간이 바로 지금이라는 생각이 들 때면 나는 항상 빌을 찾곤 했다. 좌절감이 밀려올 때 빌의 얼굴을 보는 것만으로도 큰 위안이 되었다.

 나의 영웅 빌 플로는 사실 그렇게 대단한 사람은 아니다. 어떤 직함을 가진 사람은 더더욱 아니다. 그러나 빌처럼 인생을 인생답게 살아온 사람은 본 적이 없다. 그는 한마디로 삶의 달인이었다. 그렇기 때문에 나는 빌을 진정한 영웅이라고 생각한다. 실제로 빌을 아는 모든 사람이 그를 존경했다.
 자동차 히터가 얼어붙을 정도로 페어뱅크스의 겨울은 춥다. 평균기온이 영하 40도에 가깝다. 이때 자전거 한 대가 천천히 다가온다. 힘차게 페달을 밟는 주인공은 바로 빌이다.
 "영하 30도까지 내려가면 자전거 타기가 쉬워. 바퀴하고 눈이 착 달라붙거든. 그래서 아주 잘 굴러."
 빌은 늘 이런 식으로 말했다. 기온이 영하 20도로 떨어지면 빌은 맨발에 슬리퍼를 신고 돌아다녔다. 추위를 버티는 훈련이 아니다. 단지 발이 시원하기 때문이란다. 나는 어이가 없어 정말 괜찮겠냐고 물어본 적이 있었다.
 "어렸을 때부터 이렇게 다녔는걸. 피가 유난히 뜨거워. 몸도 보통 사람보다 뜨거워."
 60대 후반부터 일본어를 배우기 시작한 빌은 600자 이상의 한

자를 익히고 나서 과감히 일본여행에 나섰다. 홋카이도에서 규슈까지 자전거를 타고 돌아다닌 빌은 여행 도중 만난 일본인들에게 인사를 건네며, 자신이 배운 일본어를 테스트했다.

아내인 낸시 역시 남편에 못지않았다. 그녀는 알래스카에서 가장 검소하고 성실한 주부였다. 알래스카에서 최고의 결혼선물은 수도가 딸린 집이다. 지금도 많은 주부들이 집에 수도를 놓고 싶어 한다. 하지만 일흔이 넘은 낸시는 여전히 수도를 거부하고 있다. 아마 알래스카에서 현대식 수도를 불편하다고 생각하는 사람이 있다면 빌과 낸시뿐일 것이다. 어디서 물을 길어 오는지 주방에는 작은 물 탱크가 놓여 있다. 제법 넓은 집 안을 아무리 둘러봐도 현대적인 생활도구는 거의 눈에 띄지 않는다. 사람이 이토록 가진 게 없이도 살 수 있다는 것이 놀랍기만 하다. 빌의 삶은 늘 무언가를 필요로 하는 나에겐 무언의 가르침이었다. 그가 살아가는 모습을 볼 때마다 육신의 삶이 얼마든지 가벼울 수 있다는 것을 깨닫는다. 사회의 척도에서 멀어질수록 인간은 더욱 자유로워진다. 인생의 척도가 오직 자기 자신뿐이기 때문이다. 어쩌면 빌은 그런 이야기가 하고 싶었는지도 모른다.

1919년 매사추세츠에서 태어난 빌은 알래스카에 오기 전부터 여러 가지 인생을 겪어왔다. 젊은 시절에는 천체항해술에 관심이 많았다고 한다. 그래서 한때는 상선의 선원으로 근무한 적도 있고, 초기의 팬아메리카 항공의 조종사로 근무했던 경험도 있다. 2차 대전이 끝난 후에는 남부의 사탕수수밭에서 멕시코 농민과 함께 일한 적도 있으며, 캘리포니아에서는 취미를 살려 요트의 돛을 만드는 기술자로 활약하기도 했다. 어렸을 때부터 춤과 노래를 좋아했던 빌은 전문적인 레슨을 받고서 뉴욕의 큰 무대에 설 기회를 얻었으나, 같은 해 겨울 스키를 타다 발이 부러지는 바람에 결국 무산되고 말았다. 학문에 대한 집착이 대단했던 빌은 마흔이 넘어 캘리포니아 대학에서 식물병리학 석사과정을 이수했다.

  이 얼마나 다채로운 인생인가. 다른 사람들은 누구나 뭔가를 성취하며 살아가는 데 비해 빌은 자신에게 주어진 삶을 그대로 받아들였다. 그의 고향 근처엔 커다란 강이 흘렀는데, 빌은 어린 시절부터 묵묵히 자신의 갈 곳을 향해 흐르는 강물이 무척 부러웠다고 한다. 그래서인지 나는 빌을 볼 때마다 말없이 흐르는 강이 떠오르곤 했다.

  "사람의 인생은 강물과 같아. 그런데 사람들은 물가를 더 좋아하지. 조금만 더 참으면 바다로 나아갈 텐데 말야."

1970년 알래스카를 처음 방문한 빌은 이 땅의 자연과 생활에 매료되어 이곳에 영주하기로 결심한다. 그때까지 직장에서 근무했던 아내 낸시도 남편의 뜻을 따라 이곳으로 왔다. 내가 빌을 만난 것은 여러 가지 일에서 해방된 두 사람이 페어뱅크스로 이사 온 직후였다.

　사실 빌의 생활은 나이를 의심케 할 만큼 사회적이다. 유치원 아이들에게 음악을 가르치는 자원봉사를 매주 하고 있고, 알래스카 대학의 외국인 유학생들에게 영어도 가르쳐야 한다. 또 시내의 댄스 모임 대표로 늘 바쁜 나날을 보내고 있다. 그 와중에 저녁마다 독학으로 일본어와 스페인어도 공부해야 했다. 나이를 먹을수록 인간은 외부환경에 배타적이게 마련인데, 빌은 오히려 드넓은 강물처럼 모든 것을 받아들였다.

　처음 빌을 봤을 때 연륜이 느껴지는 눈빛이 예사롭지 않았다. 지금도 젊은이처럼 반짝이던 눈빛이 기억난다. 온화하면서도 활기찬 빌의 눈매가 어느 때부턴가 조금씩 엄숙해지고, 슬픔을 감추려는 듯했다. 한동안 그 이유를 몰랐는데, 사랑하는 아들이 갑작스럽게 죽었다고 한다. 또 뜻하지 않은 사고로 몇 년째 휠체어에서 생활하던 동생도 얼마 전 세상을 뜨고 말았다는 것이다. 빌을 보고 있으면 늙어간다는 것이 얼마나 큰 슬픔인지 알게 된다. 그 슬픔은 사랑하는 사람을 먼저 보낼 수밖에 없는 노년의 숙명이다.

크로우베리로드를 돌아가면 작은 오솔길이 나온다. 빌의 집은 이 오솔길 너머의 검은등피나무 숲 속에 있다. 신록이 한층 더 짙어졌다. 근처 이웃집에 다녀오는지 낸시가 저 앞에 걸어가고 있다.

"빌은 집에 계신가요?"

"어머, 오랜만이네. 이게 얼마 만이야. 그 양반은 지금 스페인어 공부를 하고 있어."

길은 더욱 좁아졌다. 개척시대의 통나무집처럼 생긴 집들이 몇 채 보인다. 이 근처에는 알래스카다운 라이프 스타일을 고수하는 젊은이들이 꽤 많이 살고 있다. 빌은 이곳 젊은이들에겐 삶의 스승이자 우상이다. 빌 역시 손자뻘인 젊은이들을 친구처럼 대한다. 이곳에는 주민들이 공동으로 만든 배구 코트가 있는데, 백야의 계절이 시작되면 매주 수요일마다 새벽 1시까지 게임을 한다. 나도 몇 번 초대를 받았다. 물론 이런 아이디어 제공은 항상 빌의 몫이었다.

숲의 막다른 곳에 빌과 낸시가 사는 작은 오두막이 나타났다. 벽에 걸린 곰의 모피, 빗물을 받아 태양열로 따뜻하게 데울 수 있는 간이 샤워장, 낸시가 손수 가꾼 작은 채소밭, 알래스카에서 모르는 사람이 없는 빌의 자전거……. 몇 달 전 방문했을 때와 똑같았다. 빌의 공부방은 새로 지은 헛간 2층에 있다. 등피나무로 만든 사다리를 올라가야 하는데 꼭 나무 위에 지은 오두막 같다.

"오랜만입니다!"

"미치오! 잘 왔네."

"이번엔 스페인어라구요?"

빌의 인자한 웃음이 내 마음을 푸근하게 달랜다. 책상 위에 놓인 사전과 교과서가 마치 중학생의 공부방을 연상시킨다. 어디선가 쇠박새 한 마리가 날아왔다. 새는 이른 봄의 노래를 지저귀며 헛간을 제집처럼 날아다닌다. 또다시 알래스카에 봄이 왔다.

얼마 전까지 빌은 일본어 공부에 열심이었다. 나는 가끔 빌의 이런 모습을 보면서 과연 남은 세월이 얼마나 된다고 이토록 열심일까라는 생각이 들곤 했다. 대체 빌은 앞으로 남은 시간을 어떻게 쓰고 싶은 것일까.

"하루가 기마시다(봄이 왔습니다)."

빌은 더듬거리는 일본어로 한마디 던지고는 확인하듯 종이에 글자를 쓰기 시작했다.

"미치오, 한자로 하루(春)는 이렇게 쓰는 거야?"

내일 세계에 종말이 찾아와도 나는 오늘 한 그루의 사과나무를 심겠다……. 비록 사과를 먹을 수는 없겠지만, 빌에게 중요한 것은 오늘 자신의 손으로 사과나무를 심었다는 만족감일 것이다. 사전을 뒤적이는 빌의 뒷모습이 오늘따라 유난히 더 커 보인다.

알래스카의 주인,
알래스카의 섭리

경비행기 안에서 나는 그것을 소중히 안고 있었다. 뚜껑에서 조금 샜는지 좁은 기내에 희미한 냄새가 풍긴다. 암블라라는 에스키모 마을에서 이륙한 경비행기는 페어뱅크스를 향해 힘차게 날고 있다. 늘 신세를 지곤 했던 에스키모 가족으로부터 페어뱅크스의 알래스카 대학에 다니는 딸에게 그것을 전해달라는 부탁을 받았다. 경비행기가 흔들릴 때마다 쏟아지지 않도록 두 손으로 정성껏 붙들었다. 아직도 따스한 온기가 남아 있는 카리부 수프였다. 창밖은 끝없이 펼쳐진 알래스카의 익숙한 벌판이다. 문득 오래전 일이 생각났다.

　15년 전이었다. 그때 나는 알래스카 대학의 기숙사에서 생활했다. 어느 날 기숙사의 책임자로부터 연락이 왔다. 에스키모 학생과 함께 지내달라는 부탁이었다. 아마 백인 룸메이트와 사이가 좋지 못했던 모양이다. 알래스카 대학의 학생 중 약 20퍼센트는 에스키모와 인디언이었다. 이들은 대부분 기숙사를 이용했는데, 백인 룸메이트와 갈등을 겪는 일이 잦았다. 기숙사의 작은 방에서 낯선 사람들과 함께 지낸다는 것은 물론 쉬운 일이 아니다. 게다가 전혀 다른 문화 속에서 성장한 백인 학생과 에스키모 학생이 같은 방을 쓴다는 것은 더욱 어려운 문제다.

　저녁식사 후 기숙사 사감이 위라드라는 젊은이를 데리고 왔다. 북극 에스키모 마을에서 온 청년이었다. 커다란 보스턴백을 들고 부끄러운 듯 방문을 열고 들어온 위라드는 나를 보더니 갑자기 웃는다. 왠지 반가워하는 표정이었다. 일본과 알래스카라는 지리적 차이는 있을지언정 우리는 둘 다 같은 몽골로이드의 후손이다. 아마도 그 점이 백인 학생에게 상처받은 위라드의 마음을 안심시켰던 것 같다.

새로운 기숙사 생활이 시작되었고, 우리는 금세 친해졌다. 한 달에 몇 번씩 그의 부모님은 소포를 보냈다. 대부분 알래스카의 전통음식이었다. 위라드는 소포가 오면 꼭 나에게도 나눠주곤 했는데, 사실 여간 곤혹스런 일이 아니었다. 훈제한 연어와 말린 카리부 고기까지는 그런 대로 먹을 수 있었다. 하지만 병 속에 가득 담긴 하얀 고형물을 손가락으로 집어 내 입에 넣어줄 때는 위라드와 한 방을 썼다는 백인 학생의 심정을 이해할 수 있었다. 그 하얀 덩어리는 곰의 지방으로 위라드가 제일 좋아하는 음식이었다. 소포가 도착할 때마다 나는 겁이 났다. 한편으로는 내가 곰의 지방에 적응할 수 없는 것처럼 위라드 또한 햄버거에 적응하기 힘들 것이라는 생각이 들어 안쓰러웠다.

얼마 후 위라드는 걱정했던 대로 대학을 중퇴하고 다시 마을로 돌아가겠다고 말했다. 새로운 환경에 적응하기가 쉽지 않아서였는지, 아니면 수업을 따라갈 수 없었기 때문인지는 잘 모르겠다. 어쨌든 에스키모와 인디언 학생들이 대학을 정상적으로 졸업하는 경우는 매우 드물었다. 지금까지 잘해왔으니까 조금만 더 참자고 설득했지만, 어느 날 위라드는 짐을 꾸려서 마을로 돌아가버렸다.

일주일이 지난 어느 날 저녁, 기숙사에 나를 찾는 전화가 걸려

왔다. 뜻밖에도 위라드였다.

"지금 막 사냥에서 돌아왔어. 나 곰을 잡았어······."

말수가 적은 위라드가 일부러 내게 전화를 걸다니. 새장 속에서 해방된 듯한 그의 목소리를 들으면서 역시 그가 대학을 그만두길 잘했다는 생각이 들었다.

"언제 한번 위라드 마을에 가도 돼?"

"그럼! 꼭 와야 돼. 언제든지 기다릴 테니까."

수화기 저편의 낯선 빌판에서 들려오는 바람소리가 내 마음을 흔들어놓았다. 생각 같아서는 지금 당장이라도 짐을 싸서 위라드에게 달려가고 싶었다.

대학을 졸업한 후 본격적으로 알래스카를 여행했다. 하루가 멀다 하고 에스키모와 인디언 마을들을 찾아다녔다. 이들 수렵종족의 생활은 신비스럽고도 애틋했다. 언젠가 한번 이른 봄의 베링 해에서 오리 떼를 만난 적이 있었다. 그때 내 옆에는 에스키모 사냥꾼들이 있었다. 봄이 찾아오고 있음을 알리는 전령처럼 오리들은 길게 열을 지어 하늘을 날아다녔다. 내가 그 아름다움에 취해 있을 때 에스키모 사냥꾼들은 입맛을 다시며 총을 겨눴다. 아마 그들 머릿속에는 오랜만에 맛볼 오리고기에 대한 환상이 가득했을 것이다. 어떤 사람들은 에스키모들의 이런 점 때문에 그들을 야만인이라고 정의한다. 그러나 이것은 그저 자연관의 차이일 뿐이다. 편대를 이뤄 창공을 날아가는 오리 떼가 내겐 아름다운 자연의 광경에 지나지 않았지만, 에스키모 사냥꾼들에겐 하루를 살아가는 데 필요한 양식일 뿐이었다.

포인트 호프 마을에서 에스키모와 함께 고래를 사냥한 적이 있다. 이때 느꼈던 강렬한 인상이 아직도 내 기억 속에 생생하다. 우리는 바다표범 가죽으로 만든 우미악을 타고, 얼음의 균열로 발생한 리드라는 빙해 사이에서 고래를 쫓아다녔다. 말로 표현할 수 없는 아주 독특한 체험이었다. 작살로 고래의 머리를 무참히 찍어대는 에스키모들이 솔직히 너무 잔인하다는 생각이 들었다. 그러나 죽은 고래에게 경의를 표하는 그들의 신성한 마음을 깨닫고 나서는 나의 편견이 부끄러워졌다. 고래의 살을 해체하면서 그들은 계속 기도를 했다. 이렇게 잡혀줘서 고맙다는 것, 부디 다음 생에도 오늘처럼 은혜를 베풀어달라는 기도였다. 그리고 두개골을 바다로 돌려보냈다. 에스키모들은 사냥을 신성한 의식으로 생각했다. 문명인에게 사냥이 일종의 스포츠라면 에스키모들에겐 생존의 수단이다. 따라서 가장 고귀한 행위이며 자연의 은혜인 것이다.

서구의 동물애호가들은 에스키모가 고래의 생태를 위협한다고 주장한다. 하지만 과연 동물애호가들이 영하 40도의 툰드라에서 아이를 낳고, 가족과 함께 살아가는 게 어떤 의미인지 알고 있을까. 자연과 인간의 관계는 서로 동등한 입장이 아니며, 동물애호가들은 인간이 자연을 보호해야 한다고 말한다. 물론 그것도 틀린 말은 아니다. 또 우리에겐 그럴 만한 책임이 있다. 지금까지 인류가 이룩한 문명은 항상 자연에게 희생을 요구했다. 따라서 문명의 성과를 자연에게 돌려줘야 한다는 주장은 어느 면에서는 일리가 있다. 하지만 에스키모들은 단 한 번도 그들의 역사에서 자연에게 희생을 요구한 적이 없다. 그렇기 때문에 에스키모의 생활을 문명인의 입장에서 판단해서는 안 되는 것이다.

  인간의 삶은 타인의 희생을 필요로 한다. 타인은 내 이웃이 될 수도 있고 자연이 될 수도 있다. 한 생명이 생존하기 위해서는 또 다른 생명이 사라져야 한다. 이것은 자연의 숙명이다. 인간도 이 같은 숙명으로부터 자유로울 수 없다. 모습이 다를 뿐이지 문명사회를 지탱하는 힘 역시 약자의 희생에서 나온다. 어떤 면에서는 알래스카의 대지보다 더 춥고, 살벌한 곳이 현대사회인지도 모른다. 그 속에서 살아남은 우리들이 알래스카의 대지를 피로 물들인다는 이유만으로 에스키모와 인디언의 생활을 야만적이라고 말한다면 이는 자기 자신의 범죄를 깨닫지 못하는 어리석은 행동이다.

사냥에 성공한 에스키모들은 짐승의 영혼을 달래고, 그 희생에 의미를 부여한다. 이것이 알래스카의 율법이다. 에스키모들은 자신들 또한 늑대와 고래와 곰을 위해 희생될 수 있다는 사실을 알고 있다. 그것이 자연의 섭리이기 때문이다. 오늘은 곰의 피를 마셨지만, 내일은 곰이 나의 피를 마실 수도 있다. 살아남기 위해 내가 한 생명을 희생시켰듯이 자연은 나를 희생시켜 다른 생명을 살릴 권리가 있다.

경비행기는 무사히 페어뱅크스에 도착했다. 자그마치 알래스카의 벌판을 500킬로미터나 날아왔다. 비행기에서 내리자마자 친구의 딸에게 전화를 걸었다.

"제니퍼, 지금 암블라 마을에서 오는 길이야. 아버지가 제니퍼한테 꼭 전해달라고 부탁한 게 있어. 뭔지 알아맞혀봐."

수화기 저편에서 제니퍼는 잠시 생각에 잠긴다. 카리부 수프의 재료는 제니퍼의 오빠인 앨빈이 사냥했다. 수프는 이제 완전히 식어버렸지만, 제니퍼의 몸속에서 다시 한 번 뜨거운 생명으로 피어날 것이다. 그것이 이곳 알래스카의 섭리이기 때문이다.

대지,
동물,
그리고 사람

경비행기의 창가에 가만히 이마를 대본다. 태양의 온기가 전해져 생각보다 따뜻하다. 해빙한 지 얼마 안 된 유콘 강이 반짝반짝 빛나며 대지를 물결치고 있다. 이곳의 호수와 늪은 아직도 이름이 없는 경우가 많다. 아마도 사람들의 발자국이 한 번도 찍힌 적이 없는 곳일 게다. 알래스카의 매력은 바로 이런 데 있다. 인간과 관계없이 스스로 존재하는 자연. 자연을 위해 존재하는 자연. 그것이 바로 알래스카의 본질이다. 나는 그 생명의 약동에 또 한 번 감탄했다.

가끔 이런 상상을 해보곤 한다. 만일 미 대륙에 앵글로색슨이 찾아오지 않았더라면, 만일 이 땅이 세계와 단절된 채 인디언과 에스키모의 세계로 남겨졌더라면……. 아마 오늘날 미 대륙의 역사는 현재의 모습과 상당한 차이가 있었을 것이다. 물론 어떤 시점에서는 우리와 똑같은 근대문명이 이곳까지 전해졌을 것이다. 속도의 차이가 존재할 뿐 인간의 생활은 어디를 둘러봐도 크게 다르지 않다. 역사는 인간이 선택할 수 없는 문제이다. 사람들은 현재의 선택이 미래를 바꿀 수 있다고 말하지만, 그 변화는 결국 표면에 불과하다. 삶이라는 실체는 우리가 무엇을 선택하든 크게 달라지지 않는다.

유콘 강을 건넌 비행기는 아사바스칸 인디언이 모여 사는 찰키치크로 향했다. 올해 83세인 데이비드 사먼이 사는 인디언 마을이다. 앞으로 약 2년간 이곳에서 아사바스칸 인디언의 전통을 연구하는 것이 목적이었다. 이 연구에는 에스키모인 월터 뉴먼이 동참했다.

찰키치크는 인디언 말로 낚싯바늘을 뜻한다. 브룩스 산맥에서 시작된 블랙리버 강에 자리 잡은 마을이기 때문이라는 생각이 들었다. 약 100명 정도 거주하는 작은 마을인 이곳은 옛날부터 민물고기가 풍부했다고 한다. 그래서 마을 이름도 낚싯바늘인가 보다. 내륙 인디언의 마을처럼 가옥은 대부분 작은 통나무로 만든 오두막이었다. 해안의 에스키모들이 근대화를 받아들인 데 반해 내륙의 인디언들은 아직도 예전의 전통을 고수하고 있다. 나로서는 무척 다행스런 일이었다.

데이비드 사먼은 알래스카에서 아주 유명한 사람이었다. 그는 아사바스칸 인디언의 전통을 그대로 간직하고 있는 몇 안 되는 후계자였으며, 내륙 인디언 중 서열이 두 번째로 높은 추장이었다. 한마디로 알래스카 인디언의 정신적인 지주였다. 상대를 바라보는 깊은 눈빛이 무척이나 자애로웠다. 말과 행동에서 품위가 느껴졌다. 온화한 표정 뒤에 한 시대를 살아온 인간만이 갖출 수 있는 위험이 서려 있었다. 나도 모르게 그에 대한 존경심이 일었다. 이미 부인은 오래 전에 세상을 떠났다고 한다. 우리는 이곳에 머무는 동안 데이비드에게 신세를 지기로 했다.

알래스카 원주민은 크게 두 분류로 나뉜다. 첫 번째는 해안의 에스키모이고, 두 번째는 내륙의 아사바스칸 인디언이다. 월터는 비버라는 인디언 마을에서 자랐는데, 그 때문에 나는 월터가 인디언인 줄로만 알았다. 그런데 언젠가 그가 프랭크 야스다라는 이름을 말한 적이 있다. 그제야 나는 월터가 에스키모라는 사실을 알게 되었다. 1907년경 베링 해 부근의 에스키모들은 극심한 기아에 시달렸다. 그때 일본인 한 명이 찾아왔다. 그는 굶주림에 지친 에스키모들을 이끌고 2년에 걸쳐 북극을 횡단했다. 그렇게 도착한 곳이 비버라는 인디언 마을이었다. 이 여행에는 그의 아버지도 함께했고, 그 후 비버 마을에서 태어난 월터는 어린 시절부터 에스키모들을 이끌고 북극을 횡단한 일본인에 대해 귀가 따갑도록 들었다고 한다. 게다가 월터는 프랭크 야스다와 비버 마을에서 몇 년간 함께 지내기도 했다.

"데이비드, 이야기 좀 해주세요."

나이 든 인디언을 만날 때마다 월터는 인사말처럼 옛날이야기를 해달라고 조른다. 그러면 어색한 분위기가 사라지곤 했다.

밤이 되자(계절은 이미 백야로 접어들었다) 데이비드의 이야기가 시작되었다. 자정이 지났는데도 밖에서는 어른들과 아이들의 목소리가 들려온다. 시간의 흐름이 멈춰버린 듯한 북극의 여름밤이었다.

"옛날부터 인디언은 세 가지만 생각했어. 첫째는 대지, 둘째는 동물, 그리고 셋째는 사람이야. 살아남으려면 그 수밖에 없었어.

사람보다 중요한 게 동물이었고, 동물보다 중요한 게 대지였지. 부와 명예는 추운 북극에서 쓸모도 없었어……. 각 부족은 항상 세 그룹으로 나뉘어졌지. 베스트 인디언, 미디엄 인디언, 슬레이브 인디언으로 말야. 나의 조상은 슬레이브 인디언이었어. 베스트 인디언은 먼 옛날 처음으로 이 땅을 찾은 사람들이지. 그들은 피부색이 훨씬 짙었어. 그들이 살아남는 데 필요한 모든 명령을 담당했고, 나머지 사람들은 그들의 명령에 복종했어…….”

"먼 옛날이라면 언제쯤이죠? 또 그들은 어디에서 왔을까요?"

"사람이 만든 숫자로는 셀 수 없는 시간이야. 그들은 시베리아에서 왔어."

문득 바다에 가라앉았다는 베링 육교가 떠올랐다. 전설과 신화 같은 옛 이야기를 데이비드는 마치 실제로 있었던 일처럼 믿고 있다. 그런 모습을 보고 있자니 어쩌면 사실일지도 모른다는 생각이 든다. 그에겐 모든 신화와 전설이 아주 당연한 일상이었다.

"그렇다면 베스트 인디언이 마을을 이끌었겠군요. 그때도 계급이 있었나 보죠?"

"아니, 그렇지는 않아. 우린 서로 차별을 두지 않았어. 단지 그들은 처음 이곳을 발견한 사람이고, 경험도 많았지. 마을에 위기가 닥쳤을 때 그들의 도움이 필요했어. 그들은 어떻게 해야 살아남을 수 있는지 알고 있었으니까. 살아남는 방향을 결정하는 게 그들의 몫이었어."

데이비드는 '살아남는다'라는 말을 강조했다.

"사람들이 이곳에서 살아남기 위해서는 동물들을 죽여야 했어. 그건 당신들이 생각하는 사냥과는 달라. 우린 동물을 죽였지만, 그건 어디까지나 자연이 허락한 선물이야. 우리가 얻은 게 아니었다구. 그걸 잊어버리면 자연은 아무것도 허락하지 않았어. 마을마다 서로 다른 동물을 사냥했는데, 어떤 동물을 사냥하느냐에 따라 사람의 생활도 달라졌어. 올드크로 마을의 인디언은 카리부를 닮았어. 왜냐하면 그들은 카리부를 사냥했거든. 유콘 강 인디언들은 아주 강해. 그 이유는 급류를 헤엄치는 연어를 사냥했기 때문이지. 우리 마을은 비버를 사냥했지. 그래서 우리는 비버를 닮았어. 찰키치크 마을 사람들은 아주 소곤소곤 이야기를 해. 비버를 먹고 비버처럼 살아왔기 때문이야. 그래서 우리를 비버 인디언이라고 부르지."

나는 오두막 입구에 걸려 있던 비버가 생각났다.

"아주 옛날에는 겨울에 자주 이동을 했어. 조금이라도 덜 추운 곳을 찾아야 했거든. 마을이 다함께 이동할 때마다 발이 제일 빠른 사람이 불을 담당했는데 그가 다음 야영지까지 불씨를 가져갔지. 그리고 마을 사람들이 도착하기 전까지 불을 피웠어. 우리는 사시나무 줄기 속에서 가루를 캐내 불을 붙이곤 했는데, 영하 50도의 추위에서 불을 피우는 일은 무척 어려웠지. 그래서 한번 얻은 불은 소중하게 운반해야 했네."

어느 날 오후 올해 여덟 살인 손녀딸 셰리가 놀러 왔다. 데이비드는 의자에 앉아 옛날이야기를 들려줬다.

"옛날 옛날에 부족 간의 전쟁에서 살아남은 여자가 한 명 있었단다. 산 저편에 이글크리키라는 산골짜기를 너도 알지? 여자는 거기서 물고기를 잡으면서 혼자서 살기 시작했단다……."

현대문명에 익숙한 셰리가 귀를 기울여 듣고 있다. 나는 잠시 그런 풍경을 감상하기로 했다. 언젠가 이 어린 소녀도 어머니가 될 것이다. 과연 그때 오늘 들었던 이야기를 자기 아이들에게도 전해줄 수 있을까.

"할아버지, 또 올게."

오두막을 향해 손을 흔드는 어린 소녀는 늙은 데이비드를 무척이나 좋아하는 모양이다. 사라지려는 자와 앞으로 살아가야 될 자가 교차하는 순간이었다.

　마을 밖 언덕은 이미 초봄의 물결로 일렁였다. 벌판이 지평선까지 뻗어 있다. 사람의 발길이 닿을 수 없는 드넓은 대지. 어쩐지 이곳이 낯설지가 않다. 데이비드의 이야기를 들은 것뿐인데, 풍경이 달라 보인다. 그동안 사람이 살 수 없다고 생각했던 벌판마다 사람의 흔적으로 가득하다. 상쾌한 극북의 바람이 언젠가 읽었던 책의 한 구절처럼 느껴진다.

　"……모든 물질은 결국 화석이 된다. 그러나 화석이라고 해서 생명이 없었던 것은 아니다. 바람이 불어올 때 귀를 기울여라. 분명 사라진 옛이야기가 들려올 것이다. 바람이야말로 우리가 느낄 수 있는 유일한 화석이기 때문이다."

끝나지 않은
여행

오랜만에 패트에게서 편지가 날아왔다.

"미치오, 그동안 잘 지냈나요? 나는 지금 자동차를 타고 미국을 여행하고 있어요. 아직 어디에서 살지는 결정하지 못했지만, 가을까지는 결정할 생각이에요. 케빈이 피츠버그 사진전에서 미치오 씨를 만났다며 무척 기뻐했답니다……."

패트 매코믹이 가족과 함께 알래스카를 떠난 지 벌써 일 년이 다 되었다. 현재 알래스카에서 수의사 공부를 하고 있는 카렌 말고 다른 아이들은 모두 미국 본토로 이주했다. 차남 케빈은 코넬 대학의 박사과정을 마치고 현재 젊은 화학자로 활동 중이다.

이들과의 인연은 15년 전으로 거슬러 올라간다. 내가 알래스카에 이주한 첫해의 일이었다.

어느 가을날 매킨리 국립공원에서 늑대 한 마리를 만났다. 처음 보는 늑대였다. 그 늑대를 쫓아 무거운 배낭을 짊어지고 산골짜기를 헤매려니 여간 힘든 게 아니었다. 그때 두 명의 젊은이와 마주쳤다.

"방금 이 근처로 늑대가 지나가지 않았나요?"

"물론 봤죠. 우리도 그 늑대를 쫓고 있거든요."

주홍빛이 동공 속으로 스며들 듯한 단풍의 계절이었다. 험한 산중에서 만났기 때문인지 허물없이 자기소개를 했다. 둘은 형제였는데, 이름은 케빈과 폴이었다. 매사추세츠 주에서 살다가 얼마 전 알래스카로 옮겨왔다고 했다. 형인 케빈은 가을부터 시작되는 알래스카 대학의 신학기 때문에 곧 페어뱅크스로 돌아가야 한다고 말했다. 나도 알래스카 대학에 입학한 지 얼마 안 되었을 때였다.

"무슨 학부죠?"

"야생동물학부요."

"아, 그래요? 나도 야생동물학부인데."

이렇게 해서 매코믹 사람들을 알게 되었다.

함께 수업을 받게 된 우리는 매우 가까워졌다. 이곳 학생들이 대부분 거칠었던 데 비해 미국 본토에서 온 케빈은 행동이나 말이 무척 세련되었다. 인디언이나 에스키모 학생들과도 금세 친해졌다. 보수적인 미국 동부에서 왔다는 것이 실감나지 않을 정도였다. 나중에 매코믹가家가 미국에서도 손꼽히는 명문가라는 사실을 알고선 깜짝 놀랐다. 케빈은 그 후 화학부에도 입학했고, 알래스카 대학 역사상 처음으로 두 학부를 1등으로 졸업했다. 그러나 나는 케빈이 공부하는 것을 별로 보지 못했다. 틈만 나면 동생 폴과 함께 배낭을 매고 매킨리 국립공원으로 달려갔다. 케빈뿐 아니라 그의 가족 모두가 알래스카에 관심이 많았다.

케빈 형제의 어머니인 패트와도 곧 친해졌다. 솔직히 그녀의 첫인상은 별로 좋지 않았다. 어딘가 완고해 보여서 알래스카와 어울리지 않는다는 느낌을 받았다. 하지만 왜 그런 느낌을 받았는지 곧 알게 되었다. 마음의 문이 굳게 닫혀 있었던 것이다. 몇 년이 지난 어느 날, 케빈은 자신의 가족이 그동안 겪었던 일들을 털어놓았다. 그리고 왜 알래스카에 올 수밖에 없었는지에 대해서도 이야기했다.

화학자였던 케빈의 아버지는 오래전에 비행기 사고로 사망했다고 한다. 그 후 어머니인 패트가 다섯 아이를 키워야만 했다. 큰딸 이름은 셰리였는데, 콜롬비아 대학에서 중국어를 전공했다고 한다. 패트는 이 큰딸에게 늘 의지해왔다. 셰리 또한 그런 어머니의 기대를 저버리지 않고 미국 대통령의 중국어 통역후보로까지 점쳐졌을 정도로 재능이 뛰어났다.

그런데 1979년 봄, 셰리가 그녀의 남자친구에게 살해당하는 사건이 발생한다. 이 사건으로 패트는 너무나 큰 충격을 받았고, 나머지 네 아이들과 함께 알래스카를 여행하기로 결심한다. 셰리가 죽은 지 두 달쯤 지났을 무렵이었다. 패트는 딸의 죽음을 잊기 위해 일 년 동안 매사추세츠를 떠나 알래스카에서 지냈다. 그리고 어느새 10여 년의 세월이 흘러버렸다.

촬영에서 돌아오면 패트는 늘 나를 저녁식사에 초대하곤 했다. 나는 매코믹가에서 저녁을 먹으면서 여행에서 겪은 일들을 들려주었다. 그때마다 패트는 어린아이처럼 흥분하곤 했다. 내가 들려준 이야기에 자극을 받았는지 패트는 조금씩 마음의 문을 열고, 알래스카의 자연을 직접 경험해보고 싶어 했다. 케빈과 폴이 항상 그녀의 곁을 지켜주었다. 그러던 어느 날, 패트가 카리부의 계절이동을 보고 싶다고 부탁했다. 우리는 북극권의 툰드라에 캠프를 차렸다. 보수적인 미국 동부에서 살았던 패트로서는 인생 최고의 모험이었을 것이다. 그렇게 패트는 천천히 자신을 가둔 담을 허물기 시작했다.

언젠가 일본의 잡지에서 '왜 사람들은 알래스카의 자연을 그리워하는가'라는 테마로 칼럼을 써달라는 부탁을 받았다. 나를 포함한 많은 사람들이 제각기 자신의 이야기를 찾기 위해 알래스카를 방문한다. 알래스카의 자연을 그리워하는 것이 아니라 알래스카를 통해 진정한 자신을 찾고 싶어 하는 것이다. 칼럼을 쓰기 위해 컴퓨터를 켜는 순간, 문득 패트의 모습이 떠올랐다. 그녀를 찾아가 몇 마디 궁금한 것들을 물어볼까 하다가 그동안 옆에서 지켜본 것으로도 충분하다는 생각이 들었다. 나 역시 그녀처럼 사랑하는 사람을 떠나보낸 경험이 있기 때문이다.

20대 초반, 가장 절친했던 내 친구가 산에서 조난을 당했다. 그 친구의 죽음은 내 삶을 변화시키는 계기가 되었다. 한줌의 흙이 된 그의 육신을 바라보면서 인생이 얼마나 허무하고 짧은 것인지 깨달았다. 그리고 일분일초가 소중하게 느껴졌다. 바로 어제까지만 해도 시간은 달력과 시계바늘이 가리키는 한 점에 불과했다. 그러나 친구의 죽음을 목격한 후 내 삶에서 시간의 존재가 느껴지기 시작했다. 주어진 시간이 무한하지 않다는 그 절박함은 깨닫지 못한 사람에겐 도저히 설명할 수 없는 감정이다.

결국 그때의 깨달음이 나를 알래스카로 이끌었다. 내가 알래스카를 찾은 이유는 그 절박한 깨달음을 확인하고 싶어서였다. 시간에 구속받지 않는 대자연 속에서 나 또한 죽음이라는 속박을 잊고 싶었던 것인지도 모른다. 비록 내가 누릴 수는 없겠지만, 그 무한한 생명을 체감하고 싶었던 것이다. 그리고 실제로 알래스카는 내게 자연이 가진 웅장한 힘을 보여줬다. 인간으로서는 감히 손에 쥘 수 없는 거대한 약동을 보여줬다. 패트 역시 그 거대한 힘을 통해 자신의 작은 상처를 치유하고 싶었을 것이라는 생각이 들었다.

나는 패트에게 칼럼을 보여주기로 했다. 패트는 딸 셰리에 대한 이야기를 칼럼으로 썼다는 말을 듣곤 한동안 입을 다물지 못했다. 지금껏 한 번도 그런 말을 한 적이 없었는데 내가 자신의 과거를 알고 있다는 사실에 무척 놀라는 눈치였다. 그녀는 일본어로 씌어진 칼럼을 영어로 읽어달라고 부탁했다.

혹시라도 그녀의 상처를 건드리는 것은 아닌지 염려스러웠다.

하지만 나는 패트가 진정 무엇을 원하는지 알 것 같았다. 그리고 한때 같은 고통으로 아파했던 사람으로서 그녀를 위로하고 싶었다. 패트는 눈을 감고 조용히 듣기만 하더니 눈물을 흘리기 시작했다. 그녀의 마음을 어지럽힌 것 같아 후회가 밀려왔다. 그러나 패트는 내 손을 잡고 진심으로 고맙다며 울먹였다.

　작년 겨울 나는 미국 동부의 피츠버그에서 첫 번째 사진전을 열었다. 개막식 파티에 뜻밖의 얼굴이 보였다. 아버지의 뒤를 이어 화학자가 된 케빈이 뉴욕에서 일부러 찾아온 것이었다. 케빈의 그 침착한 웃음이 너무나 반가웠다. 게다가 그의 옆에는 갓 결혼한 아내도 있었다. 둘은 무척 행복해 보였다.

　우리는 늑대를 쫓으며 처음 만났던 가을날을 회상했고, 옛날 이야기로 시간이 어떻게 가는 줄도 몰랐다. 케빈이 알래스카를 떠나 뉴욕으로 간 지 벌써 7년째였다. 그에게 알래스카는 그저 머나먼 추억일 뿐이었다. 그러나 알래스카의 자연은 어머니 패트뿐 아니라 케빈을 비롯한 매코믹 사람들에게 각기 다른 힘을 선물한 듯했다. 케빈은 어머니 패트의 여행이 아직 끝나지 않은 것 같다며 웃었다. 패트의 여행이 끝나는 날, 매코믹가는 새로운 시대를 살아가게 될 것이다.

"……사진전에 참석하지 못해 무척 유감입니다. 케빈이 보낸 편지를 보고 사진전에 대해 알게 되었어요. 아이들은 모두 각자의 인생을 걷기 시작했습니다. 아, 그리고 지난봄에는 아프리카에 다녀왔어요. 알래스카와는 정반대였습니다. 정말 많은 야생동물을 만났답니다……. 촬영 때문에 늘 바쁘겠지만, 가끔 우리들을 생각해주세요. 또 편지할게요. 건강하세요."

에스키모 올림픽

해마다 7월이면 페어뱅크스에서는 에스키모 올림픽이 열린다. 알래스카의 모든 에스키모 마을 사람들이 한자리에 모이는 가장 큰 축제다. 이렇게 모인 사람들은 예로부터 전해져 내려온 여러 가지 경기(놀이)를 겨루곤 한다. 예를 들어 끈으로 서로의 귀를 묶고서 잡아당기거나, 가죽으로 만든 공을 멀리 던지는 게임 등이다. 종목은 아주 다양한데, 하나같이 재미있다. 가장 중요한 행사로는 각 마을 사람들이 선보이는 전통적인 에스키모 춤 경연대회가 기다리고 있다. 다운타운에 하나뿐인 실내운동장은 수천 명의 사람들로 북적인다. 에스키모뿐 아니라 페어뱅크스에 사는 주민들, 그리고 멀리 미국 본토에서 찾아온 관광객들이 운동장을 가득 메운다.

일 년에 한 번 이런 식으로 알래스카 원주민들이 모이는데, 이는 축제일 뿐만 아니라 사라져가는 자신들의 정체성을 확인하는 기회이기도 하다.

나흘에 걸친 경기가 시작되는 날 아침, 그리운 사람으로부터 전화가 왔다.

"미리기로크? 이게 얼마만이야. 나 알 킨기크야!"

미리기로크, 참으로 오랜만에 들어보는 이름이다. 오래 전에 포인트 호프 마을에서 고래사냥을 한 적이 있었다. 그때 알 킨기크라는 친구가 나를 위해 지어준 에스키모식 이름이었다. 그는 포인트 호프 마을 사람들이 방금 페어뱅크스에 도착했다며 만나자고 했다.

"아침부터 전화번호부를 뒤졌어. 도무지 찾을 수가 없더라구. 자네 이름만 알았지 성은 몰랐거든."

그 말에 나도 모르게 웃음이 터졌다. 북극의 벌판에서 사냥으로 생계를 유지하는 에스키모들이 공중전화 앞에서 내 이름을 찾느라고 얼마나 많은 시간을 허비했을까.

"오늘 밤 포인트 호프 마을이 춤을 춰. 오후에 알래스카 대학에서 연습하니까 꼭 와야 돼. 존과 몰리도 널 만나보고 싶대. 미리기로크, 그럼 이따 보자구."

영어에 'it made my day'라는 표현이 있다. 해석하자면 사소한 일로 마음이 부풀어 오른다는 뜻이다. 인간의 마음이란 원래 그런 것인지도 모르겠다. 예전에 만난 누군가가 나를 그리워하고 있다는 사실을 알게 되었을 때처럼 행복한 순간은 없다.

포인트 호프 마을 사람들과 고래를 사냥한 것은 13년 전의 일이었다. 여러 차례 여행을 해봤지만, 그토록 강렬한 체험은 난생 처음이었다. 지금도 그날 밤의 풍경이 내 머릿속에서 새록새록 펼쳐지는 것 같다.

바닷물을 뿜어대며 북극고래 한 마리가 리드 저편에서 천천히 헤엄치고 있다. 빙산에 몸을 숨긴 에스키모들은 숨도 크게 쉬지 않고 녀석이 다가오기만을 기다린다. 우리를 둘러싼 얼음의 세계는 불가사의한 백야의 빛으로 물들었고, 하늘에는 어느새 보름달이 떠올랐다.

우미악이 100미터, 200미터 간격으로 빙산 뒤편에 숨어 있다.

에스키모들은 그 곁에 숨어 얼어붙은 듯이 움직이지 않는다. 시간도 멈춰버린 듯한 정적이다. 고래의 숨통을 노리는 사냥꾼들의 긴장과 아무것도 모른 채 다가오는 고래의 숨소리……. 그때 얼마나 긴장했는지 영하 40도인데도 땀이 흘렀다. 그 순간, 수십 척의 우미악이 일제히 바다로 뛰어든다. 고래 그림자가 출렁이는 바다 속에서 작살의 비명이 들린다. 나는 정신을 잃고 쓰러질 것만 같았다. 자연이라는 거대한 그릇 속에서 인간은 얼마나 작은 존재인가. 문득 그런 생각이 들었다.

그렇게 한 달 동안 에스키모들과 고래사냥을 했다. 그때의 경험은 내가 가장 아끼는 추억이 되었다. 만약 알이 없었다면 고래사냥에 따라나설 수 없었을 것이다. 외부인은 고래사냥에 참가할 수 없었기 때문이다. 그러나 알이 마을 장로들을 설득한 덕분에 이 멋진 여행의 기회가 마련되었다. 알은 에스키모 중에서도 개성이 무척 강한 사람이었다. 그의 표정과 시선, 행동을 보고 있으면 마치 수천 년 전 이 땅에 살던 에스키모와 이야기하는 듯한 착각이 들곤 했다.

그날 오후 아내와 함께 알래스카 대학으로 출발했다. 작년에 결혼했다는 것과 곧 아버지가 된다는 것은 전화로 이미 알려준 터였다. 문을 열기 전부터 격렬한 북소리의 리듬이 느껴진다. 20여 명의 마을 사람들이 전통적인 드럼을 두드리며 노래를 불렀다. 구경꾼들 틈에 섞여 먼발치에서 마을 사람들을 바라보자 어느새 알아차렸는지 알이 나를 향해 손을 흔든다.

우리는 연습을 방해하고 싶지 않아서 조심스럽게 구석자리에 앉았다. 고래사냥의 지도자였던 마을 장로 존 오크트리츄와 그의 아내 몰리도 보인다. 존은 금방 나를 알아보곤 자기 아내에게 속삭인다. 다음 세대에 마을의 지도자가 될 어네스트와 피터의 모습도 보였다.

연습은 매우 엄격했다. 에스키모 춤에 참가하는 아이들은 장로들에게 계속 야단을 맞았다. 포인트 호프는 알래스카 원주민 중에서도 가장 역동적인 춤을 추는 사람들로 유명했고, 그만큼 자부심도 강했다.

갑자기 알이 벌떡 일어섰다. 혼자서 춤을 추려는 것일까. 나는 알이 춤추는 것을 본 적이 없다. 알은 양손을 높이 들고 큰 소리로 외쳤다.

"미치오, 너를 위한 춤이다!"

사람들의 시선이 한꺼번에 나에게 쏠렸다. 나는 어떻게 해야 좋을지 몰라 그냥 웃기만 했다.

 바다표범 가죽을 두드리는 비트와 그의 힘찬 움직임이 하나가 되었다. 넓은 회장은 어느새 툰드라의 벌판이 되었다. 마을 사람들의 노래에 맞춰 알은 한 마리 고래로 변하고 있었다. 거친 물살을 헤치는 에너지, 먼 곳을 응시하는 눈······. 알의 춤은 태곳적부터 이어지는 에스키모의 삶이었다. 문득 돌아가신 알의 아버지 모습이 떠올랐다. 그는 진정한 에스키모로 생을 마감한 마지막 에스키모였다.

 연습이 끝나자 모두 기도를 드렸다. 그리고 나는 존, 몰리, 알과 차례로 끌어안고 오랜만의 재회를 축하했다.

 밤이 깊어지자 에스키모 올림픽에 수천 명의 사람들이 몰려들었다. 이윽고 포인트 호프 사람들의 차례가 되었다. 힘찬 드럼과 노래가 시작되었고, 귀여운 에스키모 아이들, 장로들, 여자들이 가슴 속에 품은 각자의 이야기를 토해내기 시작한다. 그리고 마침내 알의 차례가 왔다. 회장을 가득 메운 청중 앞에서 알은 북극해를 포효하는 한 마리 고래가 되었다. 영혼을 움직이는 알의 춤에 사람들은 모두 흥분했다. 곳곳에서 터져 나온 박수 소리가 몇 분씩 계속되었다. 마치 내 일처럼 기뻤다. 알이 내 친구라는 것이 너무나 자랑스러웠다. 그리고 이렇게 멋진 친구와 함께 북극에서 고래를 사냥했다고 모든 사람들에게 이야기하고 싶어졌다.

이튿날 마을의 장로인 존 오크트리크와 그의 아내 몰리, 그리고 알이 우리 집을 방문했다. 아직도 강한 전통이 남아 있는 포인트 호프 마을의 정신적인 지도자인 존을 나는 무척 존경했다. 내겐 아버지와 같은 존재였고, 존 역시 나를 아들처럼 대해줬다.

우리는 13년 전에 있었던 고래사냥에 대해 이야기했다.

"네가 얼음 위를 뛰어다니는 바람에 고래를 놓칠 뻔했어."

"그땐 고래의 귀가 그렇게 밝은 줄 몰랐으니까요."

어느새 화제는 곧 태어날 아이에 대한 이야기로 바뀌었다.

"지금 당장 에스키모 이름을 지어줄게."

"정말?"

"니피크로 하자. 우리 어머니 이름이야. 어머니가 기뻐하실 거야."

올해 85세인 백발의 한 노파가 떠올랐다. 다만 이름이 같을 뿐인데, 그녀의 삶이 아내의 뱃속에서 잠든 아이에게 무언가를 속삭여주는 것 같다.

장로 존 오크트리크가 에스키모의 노래를 흥얼거리기 시작했다.

작은 목소리로 마치 누군가를 달래기라도 하듯 노래를 부른다. 따뜻한 여름 햇살이 거실에 가득 스며들었다. 햇살도 존의 노래에 귀를 기울였다.

세상에서
가장 아름다운 도시
싯카

만약 누군가 내게 알래스카에서 가장 아름다운 도시가 어디냐고 묻는다면 주저하지 않고 싯카를 추천하겠다. 남동 알래스카의 바다에는 수없이 많은 섬들이 떠 있다. 그중에서도 바로노프 섬의 항구도시인 싯카는 예로부터 그 아름다움을 자랑해왔다. 19세기 초까지 이곳은 제정 러시아가 모피교역의 전초기지로 사용했던 곳이다. 당시 유럽인들은 싯카를 '태평양의 파리'라고 불렀다. 샌프란시스코가 작은 시골마을에 불과했을 때 싯카는 태평양 문화의 중심지로 각광받았다.

1856년 크림전쟁에서 영·프 동맹에 패배한 제정 러시아는 알래스카를 매각하기로 결정하고, 1867년 알류샨 열도가 포함된 알래스카를 미국에 양도한다. 당시 가격은 불과 720만 달러였다. 이후 미국 정부는 알래스카의 새로운 수도를 골드러시의 상징인 주노로 정했고, 싯카의 영화는 급속히 쇠퇴하기 시작했다. 그리고 1세기가 지난 오늘날, 싯카는 역사의 무대에서 완전히 자취를 감추었다. 하지만 알래스카의 많은 사람들은 아직도 싯카를 그리워하고 있다. 그리고 나 역시 이 아름다운 도시를 방문하는 것이 꿈이었다. 해변에서부터 시작되는 침엽수림, 빙하에 덮인 산들, 바닷물을 뿜으며 해안을 맴도는 흑고래, 촉촉이 내리는 소나기와 너무도 잘 어울리는 시가지, 그리고 태곳적부터 시작된 자연의 리듬……. 그곳은 한마디로 알래스카의 낙원과도 같았다.

8월부터 남동 알래스카의 바다에서 고래를 쫓던 나는 알래스카에 정착한 지 10년 만에 싯카를 방문하기로 결정했다. 다행히 이곳이 고향인 친구가 있어 몇몇 사람들을 미리 소개받을 수 있었다.

아무런 예정도 없이 찾아간 싯카는 상상했던 모습 그대로였다. 해변에서 하룻밤 묵을 만한 숙소를 찾았는데, 단 한 군데뿐이었다.

이곳은 대대로 틀링깃 인디언의 땅이었다. 비록 러시아인의 침략에 굴복하기는 했지만, 아직도 많은 사람들이 자랑스런 토템 폴의 문화를 간직하고 있었다.

집주인은 60세 가까운 인디언 노파였다. 나이에 걸맞게 품격이 있어 보였다. 그녀는 아이들이 지내던 방을 개조해 민박을 하고 있었다. 때마침 노파의 큰딸이 찾아왔다. 노파는 친척과 이웃 사람들을 저녁식사에 초대했고, 낯선 이방인인 나까지 챙겨주는 배려를 베풀었다. 큰딸의 이름은 조지노였다. 백인 남편과의 사이에 열 살짜리 아들을 두고 있었다. 틀링깃 인디언의 피가 흐르는 아름답고 매력적인 여성이었다. 그녀는 현재 알래스카 주정부에서 원주민의 의료복지에 관계된 업무를 담당하고 있었다.

잠시 후 조지노의 아들이 20킬로그램이 넘는 연어를 잡아왔다. 한끼 식사로 충분한 양이었다. 우리는 연어요리를 먹으며 즐거운 저녁시간을 보냈다. 이웃집 노인들은 젊은 시절의 알래스카에 대해 이야기했다. 나로서는 뜻하지 않은 선물이었다.

저녁식탁에서 한 가지 재미난 이야기가 나왔다. 얼마 전 이 마을의 40대 남자가 근처 해안에서 물고기를 잡다가 산처럼 커다란 고래를 만났다고 한다. 고래는 남자가 타고 있던 배를 들이받았고,

공중으로 던져진 그는 그대로 고래 등에 떨어졌다고 한다. 자신도 모르게 고래의 등지느러미를 꽉 붙잡은 남자는 한 시간 가까이 바다 속을 돌아다녔다는 이야기였다.

나는 이 말도 안 되는 이야기를 농담이라고 생각했지만, 다른 사람들은 그 남자가 죽지 않고 살아 돌아온 게 다행이라는 표정이었다. 그러면서 또다시 젊은 시절에 고래를 잡던 이야기를 하기 시작했다. 한 노인이 창밖으로 보이는 바다를 지그시 바라보고 있었다. 지나간 세월이 사무치는 눈빛이었다. 조지노의 아들은 어느새 외할머니인 노파의 무릎에 앉아 있다. 과연 이 아이가 성인이 되었을 때 오늘 같은 날들을 기억할지 궁금해졌다. 나는 이 아이가 백인의 피보다 인디언의 피를 더 자랑스러워했으면 좋겠다고 생각했다.

시간의 흐름에 따라 변할 수밖에 없는 인간의 삶이 애달프게 느껴진다. 끊임없이 움직이는 구름처럼 오늘 한자리에 모였던 사람들은 두 번 다시 같은 모습으로 살아갈 수 없을 것이다. 마냥 즐겁기만 할 수 없었던 것은 이 다정한 사람들의 모습에서 그런 느낌을 받았기 때문인지도 모른다.

다음 날 아침, 친구가 소개해준 퍼트를 찾아갔다. 그녀는 인디언들의 전통적인 약초를 연구 중이었다. 그녀는 매일 아침 두 명의 틀링깃 노파와 함께 숲에서 데빌스 그로브를 따곤 했는데, 그날은 나도 따라가기로 했다. 데빌스 그로브는 잎사귀 뒤에 가시가 잔뜩 달린, 그래서 숲을 걸어갈 때 제일 성가신 식물이다. 그런데 인디언들은 데빌스 그로브의 줄기를 약초로 복용하고 있었다.

  숲이 점점 깊어졌다. 노파들은 아주 익숙하게 찔레와 덤불을 헤치면서 평지를 걷듯 나아갔다. 5분가량 더 들어가자 데빌스 그로브가 보였다. 노파 중 한 명은 몇 년 전에 암 선고를 받았다고 한다. 의사는 방도가 없다며 길어야 석 달밖에 살 수 없다고 말했다. 암 선고를 받은 직후부터 이 노파는 데빌스 그로브를 달여서 마시기 시작했다. 그리고 석 달이 지난 후 의사는 암 세포가 줄어들었다며 기적이라는 말만 되풀이했다. 그러나 노파는 끝내 의사에게 자신이 복용한 약초에 대해 말하지 않았다.

  "……이곳 사람들은 어렸을 때부터 그렇게 배웠거든요. '백인들에게 자신들의 중요한 부분을 절대 이야기해서는 안 된다'라고요. 종교(샤머니즘)와 언어를 백인들에게 빼앗겼기 때문인지도 모르죠. 이분은 어렸을 때부터 아버지와 함께 데빌스 그로브를 따곤 했대요. 그런데 어느 날 상처 입은 곰이 데빌스 그로브 줄기를 씹으면서 상처에 바르는 것을 보았다는군요."

어두운 숲 속에서 데빌스 그로브 줄기를 깎아내는 두 노파를 도와주면서 퍼트는 이야기를 계속했다.

"내가 이곳에 처음 왔을 때만 해도 사람들의 도움은 기대할 수 없었어요. 그러다 시간이 흐를수록 내가 자신들의 친구라는 것을 알게 되었죠. 그때부터 약초에 대해 말해주기 시작했어요. 할머니 한 분과 처음으로 데빌스 그로브를 채집하러 갔는데, 모든 게 인디언식이었죠. 그녀는 약초를 설명해줄 때도 절대 큰 소리로 말하지 않았어요. 아주 작은 목소리로 내 귀에만 소곤거렸죠. 왜 이렇게 작은 목소리로 얘기하느냐고 물었더니, 이것도 연습이래요. 약초를 캐기 위해서는 식물이 하는 소리를 들을 수 있어야 한다더군요. 약초가 어디 있느냐고 물으면 귀를 기울여보라는 말만 했어요. 그러면 들릴 거라구요."

이튿날 싯카에서 20킬로미터쯤 떨어진 해변 숲에 사는 제이미라는 여성을 방문했다. 몇 년째 외딴 해변에서 살아가는 가족이었다.

아무도 없는 조용한 해변에 한 여인이 보였다. 제이미는 친구에게서 내가 도착한다는 연락을 받았다고 한다. 네 살배기 아들이 조수가 빠진 바위 밭에 우두커니 앉아 있다. 이들이 어떻게 살아왔는지 아이의 행동만 봐도 알 것 같았다. 제이미의 남편은 올해 열다섯 살인 큰아들과 고기잡이를 나갔다고 한다.

사람이 사는 곳으로부터 완전히 격리된 곳이었다. 수도와 전기는 상상할 수도 없었다. 날씬한 제이미의 몸으로 어떻게 이런 힘든 생활이 가능한지 의구심이 들 정도였다. 제이미는 생각보다 무척 온화했다. 사람을 오랫동안 못 만났기 때문인지 내게 이것저것 묻곤 했다. 숲 속으로 조금 들어가자 낡은 오두막이 한 채 보였다. 황량한 해변과 우거진 숲, 그 속에 숨어 있는 작은 오두막 한 채. 인간이 맛볼 수 있는 고독의 극치라는 생각이 들었다. 제이미가 내 생각을 읽었는지 이렇게 말했다.

"세상에는 두 종류의 사람이 있을 뿐이에요. 자신이 원하는 인생을 사는 사람과 그렇지 못한 사람이죠. 겉보기와는 상관없어요. 단지 우리가 원했던 게 이것일 뿐이에요. 가끔 사람들이 이곳을 찾곤 해요. 대부분 처음에는 이렇게 멋진 곳에서 살 수 있어서 부럽다고들 하죠. 하지만 일주일쯤 지나면 다들 견디기 어려워하더군요. 여기서 생활하려면 고독을 사랑해야 돼요. 나도 때론 힘들다는 생각이 든답니다. 뼈에 사무칠 정도로 외로울 때가 있거든요. 그래도 어느 순간이 지나면 마음의 균형을 되찾게 되죠. 가끔 아이들이 도시에서 살고 싶다고 응석을 부리는데, 그때마다 혼자 생각해보죠. 과연 도시는 여기보다 덜 외로울까, 거기 가면 좀더 행복해질 수 있을까……. 하지만 그곳 사람들도 외롭기는 마찬가지잖아요. 단지 리모컨과 몇 명의 친구들이 있을 뿐이에요. 사람마다 고독이 다르다는 것을 여기에서 배웠어요. 어떤 사람은 수십 명에 둘러싸여도 외로워해요. 또 누군가와 헤어지면 외로움이 밀려오죠. 그런데 여기서는 외로움을 걱정할 필요가 없어요. 여기서는 고독도 친구랍니다. 그래서 외롭지 않죠."

  싯카의 아름다움은 아마도 그 깊은 쓸쓸함에 있을 것이다. 자연이 인간을 향해 내미는 그 고독한 손길. 나는 이곳에서 그 손길을 매만지고 싶었다.

야간비행

"미치오, 눈보라가 올 것 같아! 지금 이곳을 탈출하지 못하면 일주일은 꼼짝없이 갇혀 지낼 거야. 어마어마하게 큰 저기압이 다가오고 있어."

베이스캠프에 착륙하자마자 돈 로스가 불안한 표정으로 외쳤다.

"페어뱅크스까지 갈 수 있을까? 곧 밤이 될 텐데."

이곳은 북극해 입구인 후라후라 강의 하구였다. 어제 수천 마리의 카리부떼가 파도처럼 이곳을 지나갔다. 아직 8월인데 눈보라를 걱정해야 한다니, 어제까지 반팔 티셔츠를 입고 돌아다녔는데, 곧 눈보라가 몰아친다니…….

"급해! 십 분밖에 시간이 없어. 그 안에 짐을 챙겨야 돼."

브룩스 산맥은 이미 시야에서 사라진 지 오래다. 구름인지 안개인지 분간이 안 되는 회색의 베일이 어느새 툰드라까지 내려와 거대한 벽처럼 조금씩 가까워지고 있었다. 시간이 없었다. 바람이 불기 전에 어서 툰드라를 벗어나야 했다.

텐트를 챙기고, 산처럼 쌓인 장비를 조그마한 경비행기에 우겨넣자마자 도망치듯 이륙했다. 구름의 움직임이 빨라졌다. 벌써부터 저기압권의 영향이 미치는 것 같았다. 여러 번 비슷한 상황을 겪었지만 그때마다 운에 맡기는 수밖에 없었다. 단 한 번의 실패나 불운은 곧 죽음을 의미했다.

검은 베일을 피해 우리는 되도록 낮게 비행했다. 툰드라를 핥듯이 몇 개의 골짜기를 넘자 진눈깨비처럼 생긴 비가 창을 두드리기 시작한다. 곧 눈이 온다는 징조였다. 조금 불안해지기 시작했다. 페어뱅크스에 도착하기 전에 밤이 찾아올 것이다. 그렇게 되면 도중에 무슨 일이 발생해도 비상착륙을 시도할 수 없다. 하지만 이미 이륙해버린 뒤였다. 이젠 모든 것을 돈에게 맡기는 수밖에 없다.

거무스름한 구름이 주위를 둘러쌌고, 그 틈을 빠져나가듯 경비행기가 날아다녔다. 앞이 꽉 막히면 곧 유턴을 했다. 상황은 일분마다 달라졌다. 구름의 움직임을 확인하면서 지그재그로 날았기 때문에 나는 여기가 어딘지 전혀 알 수 없었다. 우리는 이야기할 여유도 없이 앞만 바라봤다.

때때로 구름 사이에서 브룩스 산맥의 험한 골짜기를 흐르는 강이 보이곤 했다. 여기까지 온 이상 페어뱅크스까지 가야만 했다. 무슨 일이 있어도 이 산맥을 넘어야 했다. 돈은 계속 괜찮다며 나를 안심시켰다.

며칠 전에 갑작스런 저기압을 만나 실종당한 파일럿이 생각났다. 그리고 보니 요즘 들어 비행기 사고가 잦았다. 파일럿의 실력이 부족해서가 아니다. 알래스카는 사람의 힘으로 예측할 수 없는 곳이다. 실력으로만 따진다면 하루가 멀다 하고 북극해와 알래스카 일대를 횡단하는 그들 솜씨를 따라갈 파일럿은 없었다.

간혹 알래스카는 위기에 닥친 인간에게 아주 엉뚱한 카드를 내밀곤 한다. 지금이 위기라고 느끼고 있을 때, 어떻게든 이 상황에서 벗어나야겠다고 생각하고 있을 때, 알래스카가 던지는 카드는 상당한 유혹이다. 예를 들어 툰드라에서 폭풍을 만났을 경우 리드 지역만 관통하면 보다 빨리 폭풍우에서 벗어날 수 있을 듯한 생각이 든다. 하지만 이것은 목숨을 담보로 카드를 선택하는 것과 같다. 그만큼 위험을 감수해야 하기 때문이다. 오늘 같은 비행도 마찬가지다. 기름은 점점 바닥나고, 검은 구름에 휩싸여 앞이 보이지 않는다. 이때 알래스카는 브룩스 산맥의 계곡으로 빠져나가면 된다고 속삭인다. 실제로 이 계곡만 무사히 빠져나가면 밤이 되기 전에 페어뱅크스에 도착할 수 있다. 그러나 이 카드를 선택하기 위해서는 목숨을 담보로 내놓아야 한다. 많은 파일럿들이 그렇게 잘못된 카드를 선택했다가 사라지고 말았다. 그러나 알래스카에도 이 같은 카드에서 자유로운 파일럿이 한 명 있다. 바로 내 옆에 앉아 있는 돈 로스다.

　브룩스 산맥을 넘는 데 두 시간이 걸렸다. 평소 같았으면 채 십 분도 걸리지 않았을 것이다. 만약 돈이 계곡 사이로 빠져나가는 모험을 감행했더라면, 그리고 성공했더라면 삼십 분이 걸렸을 것이다. 하지만 돈은 알래스카가 제시하는 카드를 이번에도 거부했다. 돈이 최고의 파일럿이라는 명성을 유지하는 힘이 바로 여기에 있다. 주위는 완전히 어두워졌다. 저기압에서 조금씩 벗어나기 시작했는지 구름 사이로 별이 보인다. 그리고 유콘 강을 지나자 날

씨가 완전히 개었다. 그제야 돈은 나를 바라보며 웃는다.

  평소 같았으면 서로 많은 이야기를 나눴을 것이다. 하지만 오늘따라 돈은 말이 없다. 자신의 실력을 자랑할 만도 한데, 그저 묵묵히 핸들만 붙잡고 있다. 야간비행은 오늘이 처음이었다. 수많은 별들이 반짝였다. 문득 생텍쥐페리의 『야간비행』이라는 책이 생각났다.

  주위 풍경이 움직이지 않았기 때문에 바다를 항해하는 기분이 들었다. 산도, 강도, 숲도, 어둠 속에서는 희미한 윤곽밖에 보이지 않는다. 우리가 아무 말도 하지 않았던 것은 밤의 풍경에 할 말을 잃었기 때문일까. 자세히는 모르지만, 지금 돈이 무엇을 생각하고 있을지 대충 알 것 같았다. 며칠 전 그의 아내가 했던 말이 뇌리에서 지워지지 않는다.

  "저이는 자기가 다음 차례라고 생각하는 것 같아요……."

  작년 가을, 알래스카에서 가장 위대한 파일럿이며 돈의 인생에서 가장 절친했던 친구가 목숨을 잃고 말았다. 그리고 몇 달 전에는 사무실을 함께 쓰는 동료 파일럿 두 명이 한꺼번에 사망했다. 절망에 빠진 돈은 비행에 회의를 느끼는 듯했다. 어떻게든 위로하고 싶었지만, 무력한 나로서는 돈을 위해 아무것도 해줄 수 없었다. 겨울이 시작되자마자 돈은 미국 본토로 여행을 떠났다. 낡은 캠핑카를 한 대 구입한 돈은 그동안 찾지 못했던 옛 친구들을 찾아다니며 미국을 횡단했다. 여행에서 돌아온 돈은 표정이 전보다 조금 밝아졌다. 여행을 통해 자신이 지나온 삶을 되돌아본 모양이었다.

  돈의 친구가 브룩스 산맥에서 행방불명됐던 날도 오늘처럼 갑작스럽게 눈보라가 몰아쳤다. 돈의 아내에게 "걱정 마, 별일 없을 거야"라고 말해주고 싶었지만, 입에서 맴돌 뿐 끝내 말하지 못했다.

  몇 년 전 돈과 함께 지낸 어느 여름날 오후가 생각났다. 카리부의 대이동을 따라서 우리는 북극권의 광대한 툰드라를 날아다니고 있었다. 그때 분홍빛으로 물든 대지가 보였다. 돈은 그것이 무엇인지 확인해야겠다며 착륙을 시도했다. 계속된 비행으로 피곤했기 때문에 어차피 잠깐 쉴 생각이었다.

  몇 번 아찔한 순간도 있었지만, 비행기는 무사히 착륙했다. 하늘에서 봤던 분홍빛 대지의 정체는 꽃밭이었다. 지평선에 둘러싸인 그 아름다움에 취할 것만 같았다. 우리는 그냥 걸어 다니는 것만으로도 만족했다. 단 한 마리 카리부도 보지 못했고, 극북의 작은 꽃들만이 바람에 살랑거렸다. 그렇게 대수로운 풍경은 아니었지만, 언젠가 틀림없이 오늘의 정경이 그리움으로 다시 태어나는 순간이 올 것이라는 확신이 들었다. 물결치는 초원과 바위에 달라붙은 이끼가 추억 저편에 가라앉았다가 다시 떠오르는 날이 반드시 올 것만 같았다.

  화이트마운틴의 낮은 산맥을 지나자 페어뱅크스 시가지의 불빛이 보이기 시작했다. 작은 도시의 반짝임이 벌판에서 살아 돌아온 우리들에겐 대도시의 야경처럼 반갑기만 했다. 평소에도 나는 인공적으로 만든 도시의 야경을 무척 좋아했다. 하늘에서 내려다보는 시가지의 불빛이 추상화된 인간의 삶처럼 느껴졌다. 그리고 견딜 수 없는 그리움으로 다가오곤 했다.

연기를 뿜어대는
1만 개의
골짜기

언덕을 오르자 '연기를 뿜어대는 1만 개의 골짜기(Valley of Ten Thousands of Smoke)'가 마침내 그 모습을 드러냈다. 구름 사이에서 석양이 쏟아져 들어왔다. 황량하고도 웅장한 골짜기가 불가사의한 황토색으로 빛나고 있다. 얼마나 많은 세월이 흘렀기에 이런 광경을 자아낼 수 있는 것일까. 이곳에서 살아남은 생명은 오직 빛과 그림자뿐이다. 생물의 기미는 어디에서도 찾아볼 수가 없다. 몇 가닥의 깊은 협곡이 그림자 속에 묻히고, 달처럼 차가운 세계는 한층 음침한 분위기를 연출했다.

　먼 옛날부터 불과 몇십 년 전까지 이 황량한 골짜기는 푸른 숲으로 덮여 있었다. 자연의 힘은 인간의 지혜가 도저히 닿을 수 없는 불가사의한 세계다. 차곡차곡 쌓아 올린 세월의 풍상을 단 한 번의 변덕으로 무너뜨리는 자연의 광포함은 공포의 극치이기도 하다. 맞은편에 솟아오른 카트마이 산이 평온한 얼굴로 하얀 연기를 내뿜는다.

　전망 좋은 벼랑의 풀숲에 텐트를 쳤다. 문득 그리움이 밀려온다. 20년 전 친구인 T도 이런 곳에 텐트를 쳤을 것이다. 그리고 마지막 밤을 맞이했을 것이다. 화산재 위에 앉아 뉘엿뉘엿 사라지는 노을을 바라본다. 내 삶에서 쉽사리 지워질 것 같지 않은 어느 여름날이 바로 어제 일처럼 되살아났다. 쓰디쓴 기억도 세월이 흐른 뒤에는 항상 그립게 마련이다. 그리운 상념이 바람처럼 불기 시작한다. 노을은 카트마이 산 어깨에 걸려 있다.

　카트마이 내셔널 매뉴먼트는 알래스카 남서부에 위치한 국립공원이다. 호수들이 군데군데 흩어져 있고, 여름이 되면 산란을 위해 연어들이 강을 올라온다. 곰을 촬영하기 위해 몇 번 들른 적이 있지만, 깊숙한 삼림 너머에 숨어 있는 '연기를 뿜어대는 1만 개의 골짜기'를 찾은 것은 이번이 처음이었다. 전에는 이 카트마이 산 주변에 몇 개의 마을이 있었고 한다. 하지만 지금은 흔적조차 남아 있지 않다. 일본에서 알류샨 열도로 이어지는 환태평양 화산대가 여기까지 뻗어 있다. 이 무시무시한 화산대가 초록으로 물든 골짜기와 인간의 생활을 완전히 짓뭉개버린 것이다.

카트마이 마을의 에스키모 사람들이 난생 처음 지진의 기운을 느낀 것은 1912년 6월 1일이었다. 대지의 요동은 날이 갈수록 더욱 심해졌고, 공포에 빠진 사람들은 해안지대로 피신하기 시작했다. 6월 6일 아침이 되자 마을은 완전히 텅 비었다. 카트마이 산 (2,286미터)은 부근에서 표고가 가장 높은 산이었다. 여러 겹으로 이어지는 산자락들에 가려져 마을에서는 정상 근처가 조금 보일 정도였다. 그 때문인지 마을 사람들은 오랜 옛날부터 이 산에 특별한 관심이 없었다. 그들의 전설에도 이 산에 관한 이야기는 거의 없었다.

사비노스키 마을의 추장인 아메리칸 피트는 화산폭발을 목격한 증인 중 한 사람이다. 피트는 카트마이 산에서 북동쪽으로 약 29킬로미터쯤 떨어진 벌판에서 동료와 함께 사냥을 하고 있었다고 한다. 갑작스런 지진에 놀라 마을로 돌아오던 중이었다. 산이 움직인 것은 그날 정오쯤이라고 한다.

훗날 이 골짜기에 탐험대를 이끌고 도착한 그릭스가 아메리칸 피트로부터 들은 목격담을 기록으로 남겼는데, 전에 읽어본 적이 있었다.

"카트마이 산이 무시무시하게 불을 뿜으면서 폭발했다. 불은 연기와 함께 마구 산을 내려와 마을로 향했다. 모두들 바이달카(동물 가죽으로 만든 보트)를 타고 도망쳤다. 급하게 노를 젓는 바람에 그다음 날 마크네크 호수에 도착할 수 있었다. 주위가 밤처럼 캄캄했다. 뜨거운 화산재가 비처럼 내렸다. 마치 지옥에 도착한 기분이었다."

이들은 다행히 바이달카를 계속 저어 해안까지 도망칠 수 있었다. 그날따라 남풍이 강하게 불었는데, 덕분에 화산재가 그들과는 다른 방향으로 날아갔다. 폭발의 크기를 생각했을 때 단 한 명의 사망자도 없었다는 사실이 그저 놀랍기만 하다. 화산재는 성층권 류를 타고 아프리카까지 실려 갔고, 그해의 평균 기온을 1.8도나 떨어뜨렸다. 그리고 북반구 전체에 냉해를 가져올 만큼 대단한 위력을 발휘했다.

3년 후인 1915년, 화산재에 덮여 완전히 변형된 이 골짜기에 다시 사람의 그림자가 나타난다. 그릭스가 이끄는 탐험대였다. 식물학자였던 그릭스는 카트마이 산 주변이 어떤 상태이며, 어느 정도의 식물이 생존해 있는지를 조사했다. 이 여행을 기록한 오래된 16㎜ 필름이 아직도 남아 있는데, 화산재가 얼마나 많이 쌓여 있던지 대원들은 허리까지 파묻혔다. 간신히 마지막 언덕을 넘자 굴뚝처럼 증기를 뿜어대는 광대한 골짜기가 나타났다.

'연기를 뿜어대는 1만 개의 골짜기'란 명칭은 이를 최초로 목격한 그릭스가 붙인 이름이다. 당시 화면을 보면 대원들이 화산재에 프라이팬을 올려놓고 요리하는 모습이 있다. 3년이 지났는데도 여전히 뜨거웠다는 증거다. 또 커다란 바위를 가볍게 들어 올리는 장면도 있었다. 일찍이 푸르름을 자랑했던 카트마이 골짜기는 단 한 번의 화산폭발로 이렇게 변해버렸다.

그리고 반세기 이상이 흘렀다. 지금 눈앞에 펼쳐진 '연기를 뿜어대는 1만 개의 골짜기'는 완전히 식은 상태다. 세기말과 같은 풍경 속에서 바람이 홀로 지나간 이야기를 웅얼거린다. 그릭스가 본 풍경이 어떠했을지 짐작이 간다. 지금은 조용하지만, 언제 어느 때 카트마이 산이 또 한 번 기지개를 펴고 숨을 내뱉을지 알 수 없는 일이다. 내가 밟고 서 있는 이 땅이 일분 후 광포하게 흔들릴지도 모른다.

그때 나도 모르게 T가 생각났다. 20년 전에도 나는 이렇게 화산이 지나간 자리에 서 있었다. 물론 그곳은 알래스카가 아니라 일본의 어느 산지였다. 그 후 나는 화산에 특별한 관심을 갖게 되었다. 두려우면서도 한편으로는 매우 친근한, 한마디로 정의할 수 없는 그런 감정이다.

중학생 시절부터 절친했던 T와 나는 항상 비슷한 생각을 하곤 했다. 장래희망도 비슷했다. 우리 둘 다 낯설고 먼 땅에 관심이 많았다. 그곳에서 살아가는 우리와 다른 가치관을 지닌 사람들을 늘 동경했다. 인간의 힘으로 되돌릴 수 없는 자연의 힘에 매력을 느끼고 있다는 점까지 흡사했다. 언젠가는 그런 세계를 찾아가고야 말겠다고 우리 둘은 약속했다. 중앙아시아 탐험으로 유명한 헤딘, 시프턴, 아르세니예프 등은 우리가 가장 존경하는 인물들이었다. 그들이 밟고 지나간 사막과 고산지대 같은 곳은 우리들에게 감탄과 동경의 세계였다.

우리는 대학생이 되었고 나는 알래스카를, T는 필리핀의 산악민족을 공부하기 시작했다. 시간이 지날수록 어린 시절 품었던 꿈들이 실현되리라는 희망이 보였다. 우리는 서로를 격려하며 힘든 시절을 이겨냈다. 우리는 낯선 자연과 낯선 사람들의 삶에서 스스로의 모습을 찾고 싶어 했다.

어느 여름날, 신슈의 산악지대를 등반하던 T는 정상 부근의 바위굴에서 야영준비를 하고 있었다. 그러나 내부가 더러웠기 때문인지 T는 예정을 바꿔 정상에 텐트를 치기로 결정한다. 이것은 T가 남긴 등반일지에 기록된 내용이다.

그 후의 일은 어쩔 수 없이 추측하는 수밖에 없다. 혹시라도 T는 잠결에 울려 퍼지는 땅의 외침을 듣지 못했을까. 무엇인가 깨달은 듯한 동물과 새들의 이상한 행동에 T는 아무것도 의심하지 못했던 것일까. 그날 밤, 에도 시대부터 잠들어 있던 산맥은 마침내 긴 잠에서 깨어나 거대한 분화를 일으키고 말았다.

그렇더라도 아쉬움은 남는다. 왜 하필 산 정상에 텐트를 쳤을까. 조금만 여유가 있었더라면 충분히 피할 수 있었을 텐데……. 나는 T의 죽음이 너무나 안타까웠다. 게다가 우리는 곧잘 화산에 대해 이야기하곤 했다. 무생물처럼 여겨지는 대지가 일순간 깨어나 자신이 살아 있음을 만천하에 알리기라도 하듯 내부에 잠재된 생명을 내뿜는다. T는 한 번이라도 그런 광경을 볼 수 있었으면 좋겠다고 말했었다. 그리고 생의 마지막 순간에 T는 보았을 것이다.

눈앞에 솟구쳐 오르는 대지의 생명을. 자신의 죽음과 바꿀 수밖에 없는 그 경이로운 풍경을 T는 아무런 후회 없이 감상했을 것이다.

저녁 노을이 완전히 사라졌다. '연기를 뿜어대는 1만 개의 골짜기'에 어둠이 내려앉는다. 문득 산 저편에서 희미한 불꽃이 일렁이는 듯한 착각이 든다.

물망초……
알래스카에서
보낸 시간

11월의 어느 날 밤이었다. 나는 눈보라가 몰아치는 북극의 툰드라에서 헤드폰을 끼고 있었다. 헤드폰 너머에서 첫아이가 무사히 태어났다는 소식이 전해졌다. 강풍 때문인지 무선이 잘 들리지 않는다. 스위치를 끄고 허리를 쭉 폈다. 몸속이 부글부글 끓는 것 같다. 도저히 말로는 형용할 수 없는 기분이다. 침낭에 누워도 잠이 오지 않는다. 여러 가지 상념으로 머리가 약간 어지러웠다. 램프를 끄자 주위는 완전한 암흑이다. 텐트 밖에서는 울부짖는 바람소리만이 요란하다.
　알래스카를 여행한 지도 어느새 16년이 지났다. 이 땅에서 살아야겠다고 결심한 것은 대체 언제였을까. 아마도 여행자라는 신분에 지쳐버렸나 보다. 여행자로서 겪게 되는 피로가 지겨웠는지도 모른다. 혹은 내게 남은 인생을 보다 객관적으로 바라보게 되었는지도 모른다. 이유가 무엇이든 간에 이 땅에 뿌리를 내려야겠다고 결심한 후 나를 둘러싼 풍경은 확실히 달라졌다. 아니, 풍경은 여전했으나 자연과 사람이 달라 보였다. 마치 커튼을 걷고서 창밖을 바라보듯 모든 것이 투명해졌다.
　북극권의 툰드라를 이동하는 카리부 떼와 남동 알래스카에서 힘차게 솟아오르는 흑고래의 모습과 이 땅에서 살아가는 에스키모 및 인디언들의 생명이 나의 짧은 일생과 겹쳐지는 듯했다. 뿐만 아니라 이 땅의 산과 냇물, 불어오는 바람마저 친근하게 느껴졌다. 지금까지 알래스카는 내 삶에서 한 편의 영화에 불과했다. 입장료를 지불하고 관람할 수밖에 없는 객관적인 대상이었다.
　아내가 이곳에서 생활한 지도 벌써 일 년 반이 지났다. 그동안 꽃을 좋아하는 아내와 함께 자주 촬영을 나갔다. 우리는 초원과 툰드라에서 수많은 야생화를 만났다. 알래스카 벌판에서 살아가는 꽃들처럼 애처롭고 늠름한 생명도 없다. 아내는 이곳의 자연에 흠뻑 반한 눈치였다. 겨울이 긴 북쪽은 상대적으로 여름이 짧다. 이런 곳에서 꽃을 볼 수 있다는 것은 단순한 기쁨이 아니다. 만일 이 땅에 겨울이 없었다면, 그리고 일 년 내내 꽃이 피었다면 사람들은 지금처럼 생명을 사랑하고, 꽃을 사랑하지는 못했을 것이다.

아내 덕분에 알래스카의 또 다른 아름다움을 알게 되었다. 항상 거대한 자연만 관찰하던 내게 땅에 핀 꽃은 완전히 다른 세계였다. 같은 알래스카임에도 왠지 낯설었다.

작년 여름에는 꽃을 촬영하기 위해 베링 해를 지나 알류샨 열도까지 이동했다. 이곳의 섬들은 빙하기에도 얼음에 덮여 있지 않았기 때문에 알래스카 본토와는 조금 다른 독자적인 생태계를 유지하고 있다. 늘 북극의 차가운 바람에 시달려서 식물의 생장이 거의 불가능한 지역이다. 그래서 나무도 없다. 하지만 꽃은 많이 피었다. 혹독한 환경을 이겨낸 꽃들은 정말 아름다웠다. 따뜻한 남방의 꽃들이 보여주는 화사함과는 또 다른 아름다움이다. 대도시에서 자란 아내는 화원에서 키운 꽃만 구입했다고 한다. 그런 아내에게 이곳의 꽃들은 놀라움이었을 것이다.

아내와 나는 특히 물망초를 사랑했다. 알류샨 열도의 물망초는 알래스카 본토의 물망초와는 아주 다르다. 우선 아무 곳에서나 볼 수 있는 흔한 꽃이 아니다. 지금도 물망초 이야기를 할 때마다 처음 그 꽃을 만났던 때가 생각난다.

알류샨 열도의 원주민인 알류트 족 사람들에게 물망초가 어디 있느냐고 물어봤더니 뜻밖에도 산허리를 가리킨다. 험한 산중턱을 간신히 넘었지만, 여전히 꽃은 보이지 않는다. 그때 아내가 바위 밑을 가리켰다. 물망초였다. 바람에 흔들리는 모습을 상상했는데, 바위 그늘에 납죽 엎드려 있다. 그리고 너무 작았다.

물망초는 영어로 forget-me-not이라고 한다. 애처로울 만큼 가련한 이 꽃이 알래스카의 주화州花라는 것을 알게 되었을 때 나는 내 일처럼 기뻐했다.

"알래스카 주의 꽃이 뭔지 알아?"

그 후 만나는 사람에게마다 물망초가 알래스카의 주화라는 사실을 알려줬다. 잠시 스쳐 지나가는 여름, 그 한정된 시간 속에 만개하려는 극북의 꽃들은 보는 것만으로도 가슴을 시리게 한다.

몇 년 전 북극 연안의 베이스캠프에 머문 적이 있었는데, 근처에 물망초가 피어 있었다. 이런 땅 끝에 아무도 볼 수 없게 홀로 핀 물망초가 너무 반가웠다. 엷은 청색의 꽃잎이 내게 말을 거는 듯했다.

 그때 나는 어느 텔레비전 방송국의 스태프와 함께 자연 다큐멘터리를 제작 중이었다. 그러나 여러 가지 악조건 때문에 촬영은 거의 이루어지지 않았고, 약속한 날짜만 다가왔다. 스태프들은 어떤 일이 있어도 예정된 분량을 모두 촬영해야 한다는 초조감 때문에 무척 힘들어했다. 그들의 마음을 이해 못하는 것은 아니지만, 이것은 사람의 힘으로 해결할 수 있는 문제가 아니었다. 상대는 알래스카였다. 알래스카는 결코 사람을 이해하지도, 사람의 명령을 따르지도 않는다. 나는 그들이 걱정되기 시작했다. 그래서 어느 날 저녁, 연출가와 단둘이 이야기를 나눴다.

 나는 열심히 일한 것으로 만족하자고 그를 위로했다. 상대는 어디까지나 자연이다. 우리 뜻대로 할 수 있는 물건이 아니었다. 앞으로 10년, 20년 동안 시청자의 사랑을 받는 다큐멘터리를 제작하는 것도 중요하지만, 그것은 분명 나중 일이었다. 힘들게 알래스카를 찾았으니 하루에 단 10분이라도 주변 환경을 둘러보라고 충고했다. 어쩌면 남은 생애 동안 두 번 다시 이곳을 찾지 못할 수도 있다. 이곳에서 만난 꽃과 바람은 도시에서 만날 수 있는 그런 것들이 아니다.

나는 주어진 시간을 아끼라고 조언했다. 이것은 에스키모들이 내게 했던 조언이기도 하다. 텐트 옆에 핀 물망초도 내게 그런 말을 하고 싶은 것처럼 보였다. 우리가 살 수 있는 것은 과거도 아니고 미래도 아니다. 바로 지금 이 순간뿐이다. 주어진 순간을 놓쳐 가면서까지 과거와 미래를 걱정할 필요가 없는 것이다.

베이스캠프 주변은 경치가 아주 빼어났다. 수정처럼 맑은 극북의 강이 흘렀고, 간혹 카리부 떼가 지나가기도 했다. 툰드라 너머의 풀숲에는 도요새와 물떼새의 둥지가 있었다. 사람이나 짐승이 둥지 근처를 지나가면 어디선가 나타난 어미 도요새가 상처 입은 흉내를 내며 날개를 질질 끈다. 포식자를 둥지로부터 멀리 끌어내기 위한 행동이다. 이때를 노리는 것이 바로 갈매기다. 녀석은 어미가 둥지를 비운 틈을 노려 알을 꺼내 먹곤 했다.

강을 따라 제방을 걷다 보면 한 가지 사실을 깨닫게 된다. 북극여우가 파놓은 동굴 주변에 유난히 꽃이 많다는 점이다. 오랜 세월 묵은 북극여우의 배설물이 꽃에겐 귀한 양식이 되는 셈이다. 백야의 바람을 맞으면서 근처 풀밭에 엎드려 여우의 동굴을 관찰했다. 잠시 후 새끼 여우가 굴 밖으로 모습을 드러냈다. 새끼는 꽃밭을 뒹굴며 신나게 노닌다. 툰드라 저편에서 사냥을 마친 어미

여우가 먹이를 물고 천천히 달려오고 있었다.

결과가 내 뜻대로 되지 않았다고 해서 실패라는 단어를 생각해서는 안 된다. 결과에 상관없이 지나온 시간이 존재하기 때문이다. 인생에서 진정 의미를 갖는 것은 결과가 아니라 그렇게 쌓인 시간들이다. 그리고 이런 시간들이야말로 진정한 의미의 인생일 것이다.

볼을 스치는 북극 바람의 감촉, 여름철 툰드라에서 풍기는 달콤한 냄새, 백야의 엷은 빛, 못 보고 지나칠 뻔한 작은 물망초……. 문득 걸음을 멈추고 그 풍경에 마음을 조금 얹어서 오감의 기억 속에 남겨놓고 싶다. 아무것도 낳지 않은 채 그냥 흘러가는 시간을 소중하게 누리고 싶다. 경황없는 세상의 삶과 평행을 이루며 또 하나의 시간이 흐르고 있는 것을 마음 어디에선가 항상 느끼면서 살고 싶다. 그 소중한 시간들을 언젠가 내 아이에게도 전해주고 싶다.

밤이 깊었는데도 잠이 오질 않는다. 바람소리에 귀를 기울이면서 아직 한 번도 보지 못한 내 아이에 대해 생각해본다. 그 아이에게 허락된 시간에 대해 생각해본다.

옮긴이의 말

백과사전에는 알래스카에 대해 이렇게 정의되어 있다.

"북아메리카 대륙 서쪽 끝의 한 주州. 면적 153만 694㎢, 인구 62만 6,932명(2000년) 주도州都는 주노. 1959년 미국의 49번째 주로 편입. 1741년 러시아 황제의 의뢰로 덴마크의 탐험가 베링이 발견. 이후 러시아령이었으나, 1867년 재정궁핍을 이유로 720만 달러를 받고 미국에 매각."

사람의 한평생이 몇 마디 말로써 정의되지 않듯이, 백과사전에서 발췌한 몇 줄의 문장이 알래스카의 베일을 벗겨줄 수는 없다.

여전히 태곳적 신비를 간직한 알래스카는 문명의 손길로 훼손시키지 못한 지구상의 마지막 미지다.

이곳은 수만 년 전의 원시인들이 세운 토템 폴이 아직도 각 마을마다 우뚝 솟아 있고, 카리부와 함께 알래스카 대륙을 횡단하는 에스키모들의 고향이며, 24시간 해가 지지 않는 백야의 땅이다.

인터넷을 포함한 온갖 종류의 정보통신이 세계를 이웃과 이웃의 만남으로 규정지은 오늘날에도 알래스카는 오로라와 빙하와 개썰매를 삶의 자연스런 일부로 받아들이고 있다.

그곳에 지금으로부터 정확히 28년 전 에스키모와 똑같은 피부색의 한 동양인이 도착했다. 그가 바로 이 책의 저자인 호시노 미치오다.

처음 알래스카에 도착한 호시노는 문명의 충돌에 당황한다. 동양과 서양의 문명이 아닌, 현재와 과거의 두 시간이 충돌한 것이다. 빠르게 산업화의 과정을 겪고 있던 일본에서 태어난 저자에게 알래스카는 그 자체로 거대한 생명이었다. 낯선 곳에서 불어오는 바람과 길가에 핀 작은 물망초도 저자에겐 생명의 근원이 담긴 가르침처럼 다가왔다.

그렇게 조금씩 알래스카에 동화되어가면서 마침내 그는 가장 순수한 자신의 내면과 맞닥뜨리게 된다. 그가 사진 속에 알래스카를 담는 동안, 알래스카는 그에게 자기 자신을 담는 법을 가르쳤던 것이다.

그는 알래스카를 통해 자기 자신과 만나는 과정을 '여행'이라고 표현했다. 그렇기 때문에 호시노의 여행은 단순한 알래스카 탐험이 아닌, 생명에 대한 외경이었으며, 인류가 잊고 살아왔던 근본

적인 질문들에 대한 해답이었다.

  저자는 알래스카에서 겪은 추억들을 편지를 쓰듯 기록했다. 아마도 자기 자신에게 보내는 편지였을 것이다. 그리고 그 편지들은 이제 독자들에게 보내는 편지가 되었다.

  생명이 생명으로서의 가치와 존엄으로 인정받는 알래스카에서 날아온 한 통의 편지가 세속적인 열망과 경쟁에 찌든 우리들의 삶에 얼마나 큰 변화를 줄 수 있을지는 미지수다. 게다가 우리는 알래스카라는 곳을 가본 적도 없는 사람들이다.

  그러나 알래스카라는 원시의 대자연 속에서 본연의 '나'를 찾아낸 한 인간의 길고도 먼 여정은 똑같은 패턴으로 기계처럼 반복되는 우리들의 삶에 분명 큰 도전을 줄 것이다. 그래서인지 이 책을 번역하는 내내 알래스카에 대한 기록이라는 생각보다 한 인간의 내면에 대한 기록이라는 느낌을 더 강하게 받았다.
 어쩌면 그것이 알래스카가 아닌, 한국이라는 나라에 사는 우리들에게 이 책이 꼭 필요한 이유인지도 모르겠다.

2006년 4월

김 욱

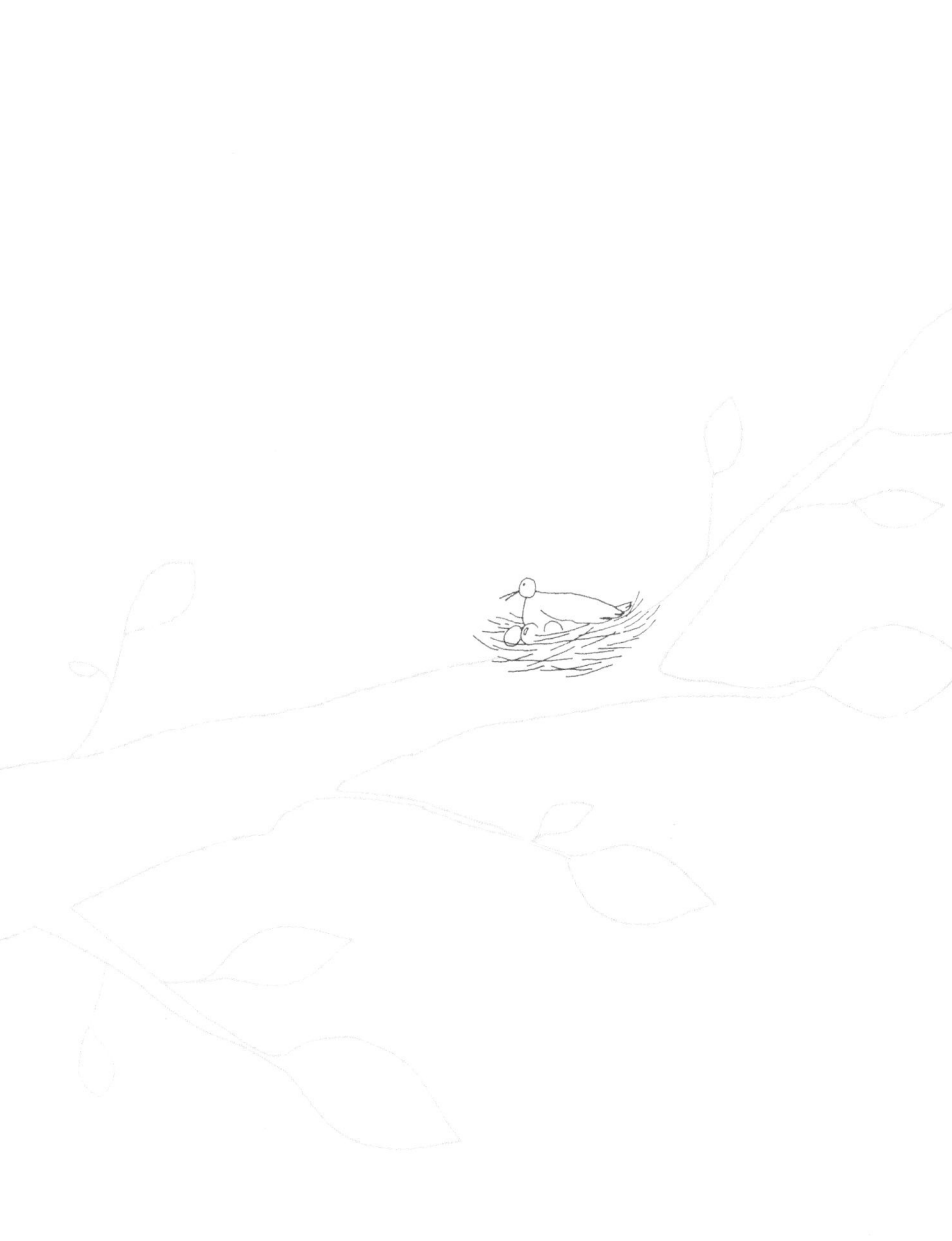

볼을 스치는 북극 바람의 감촉,
여름철 툰드라에서 풍기는 달콤한 냄새,
백야의 엷은 빛, 못 보고 지나칠 뻔한 작은 물망초…….
문득 걸음을 멈추고 그 풍경에 마음을 조금 얹어서
오감의 기억 속에 남겨놓고 싶다.
또 하나의 시간이 흐르고 있는 것을
마음 어디에선가 항상 느끼면서 살고 싶다.